天下文化
BELIEVE IN READING

球學

哈佛跑鋒何凱成

翻轉教育

何凱成 —— 著

目　錄

序

前言

運動與學業結合
才能實現全人教育

—————————— 哈里斯（Robin Harris）‧美國長春藤聯盟主席

　　當初聽到凱成分享從小求學的經歷，以及後來創辦「球學」的動機與過程，讓我想起自己曾兩次造訪中國大陸，那兩次的經驗著實讓我詫異 —— 原來亞洲的教育環境裡，運動與學業竟然是涇渭分明的！在歐美，至少在美國，孩子從小到大，不論是小學、中學甚至大學，運動都是教育的一環，而非一分為二。

　　更明確的說法是，我認為，運動與學業應該是相輔相成的。

　　一直以來，長春藤聯盟學校都深諳一項道理：一個人不僅需要健康的心靈，也需要健康的身體，而運動正可兼顧這兩者。

　　對個人來說，人體在運動的過程中，腦內會分泌一種名為腦內啡的化學物質，以幫助情緒穩定，更能讓日常生活所累積的壓力，得以在適當的途徑中抒發，進而達到身體與心靈的平衡。

　　而在教育場域，學生願意全力以赴，爭取更優異的表現，本身便是一件充滿教育意義的事。

　　學生在參與運動的過程中，會不斷自我探詢：是否有為團隊付出？是否展現團隊默契？自我能力有沒有成長？如何在運動與學業之間做好時間管理？賽前要如何調適與準備？遭遇挫折時要如何面對？甚至要如何克服失敗？學習如何解決諸如此類的課題，並且在過程中有所成長，是相當重要且不容忽視的。

　　我們還發現，運動不管是對學生未來的發展，還是進入職場工作，都能有所助益。

　　許多數據顯示，參與運動往往更能培養一個人的領導能力；

尤其，畢業生回流調查也顯示，許多畢業生皆因為運動，而有了更特別、更傑出的發展，也更能培養他們的品格，形塑出與旁人不同的特質。

　　一位學生運動員平常的生活，不僅只有訓練與比賽，他也必須設法在學業上保持一定水準，而且對於校內的社交活動、社群參與，也都不能荒廢。為了體現「全人」的理念，我們明文規定，校隊成員必須兼顧比賽與學業，兩者不得偏廢。

　　換句話說，之所以重視運動，是因為我們堅信，運動與學業結合，才能使人變得完整。

　　透過凱成的故事與分享，我想強調，運動與學業結合，是絕對能達成的目標，且這樣不僅對個人，還能替教育體系帶來助益，只是相關單位要找到平衡點，去克服當前亞洲普遍面臨的困難，例如：體育場合的性別失衡，以及基礎建設的不足。前述課題都需要各方共同協力，制定正確的政策去完成。

　　我相信，透過這本書，凱成能把這樣重要的理念傳達得更清晰，藉由自身的經歷，啟發大眾理解，運動與學業是相輔相成的，更可以協助孩子、家長釐清問題的癥結，提供解決的辦法。

序

年輕，
就要在球場培養競爭精神

—————— 蔡崇信・阿里巴巴集團執行副主席

第一次知道何凱成（Cheng Ho），是在網路上看到他的故事。

他十三歲時被收養到美國，加入美式足球隊，表現優秀，卻因為東方人的身分而不受注意；但他憑著自己的運動表現，申請到哈佛大學體育獎學金，加入美式足球校隊。我曾經上 YouTube 觀看他在哈佛時代的比賽，真的非常突出！

凱成的故事讓我想起自己，我也是十三歲的時候，一個人到美國、一個人住校，但是他的經歷比我更艱難。

我決定找到這位年輕人。很幸運，後來聯絡上了。進一步了解他的人生故事之後，我認為，能夠克服那段過程，這個年輕人的創業能力必然也不錯，因此決定投資他。

我投資的，不是他的商業計畫，而是他的人格特質。事實上，凱成當初也沒有清楚的商業計畫，但是我鼓勵他，沒關係，有想法、有創意就去試。結果，他把高中籃球聯盟「球學」經營出一定的規模，並且擁有自己的商業模式。

這些不是一開始就能完整規劃的，而是經過一道道考驗，不斷碰釘子，思考解決方法，最終臻於成熟。

投資，最重要是選對人。像凱成這樣，面對挑戰不棄不餒，跌倒了再爬起來，就是對的人。

凱成能擁有這樣成熟的人格特質，我認為，要歸功於他的運動員訓練。

我從小喜歡運動，也曾經加入球隊，運動對我影響很大。我

認為，許多能力只能在運動場上培養，關在教室裡永遠學不到。

譬如，團隊精神。參加校隊，必須每天訓練，因為個人表現會影響團隊成績；即使是個人運動競賽，如：游泳、網球，背後還是一支游泳隊、網球隊。於是，學生運動員學會自我要求，生活更有紀律，懂得時間管理。

又譬如，抗壓性。比賽不會每場都贏，重要的是怎麼面對輸。輸了比賽，你是指責他人、喪失信心？或是自我檢討、尋找贏的方法？無論球場或職場，態度才是最重要的。

運動帶有競爭的成分，如果失去競爭就缺乏進步的動力。在事業上更是如此，如果沒有競爭對手，企業通常就不會創新、不會自我提升。對我來說，競爭是必然的，如果可以從小就在運動場上歷練面對競爭的態度，對年輕人很有幫助。

另外，帶領團隊的能力也很重要。隨著事業成長，每個創業者都需要組織團隊，球學亦然。現階段，球學需要引進具有行銷或媒體經驗的人才，說服品牌商、媒體贊助活動或轉播賽事。

我相信每個運動員都深有體會，好的隊友是團隊成功的關鍵。一個經過運動場歷練的人，無論領導企業或擔任主管，一定會懂得找到認同公司使命、願意一起奮鬥的好隊友。

有些傳統的家長認為，體育好的孩子通常書就念不好，這個觀念其實不正確。在美國，很多孩子的體育、課業並行發展，因為他擁有自我啟發、自我管理的精神，不需要父母督促，就會把自己分內的事做好。

如今有些家長的觀念已經開始改變，他們發現，愛運動的孩子不只身體健康，EQ與IQ的發展，也勝過不運動的孩子。尤其是那些希望送孩子出國念書的家長，一定會留意到國外的現象。

我一直認為，運動是教育的一部分，因為教育不只是獲得知識，更要學習待人處事，以及承擔責任。一個不曾接受球場鍛鍊的孩子，他未來的事業發展會缺少許多優勢。

為改變教育出一份力

———————————— 鍾宜珊・愛生關懷協會執行長

我對運動完全沒興趣，即使簡單的跑步也一樣。但是認識何凱成之後，我對運動、對孩子的教育觀念，完全改變了。

因為黑人（陳建州）的介紹，我認識凱成，也大致了解他的故事。當時只覺得他是一位很有理想和抱負的年輕人，決定邀請他到台北美國學校演講。那是凱成在台灣的第一場演講，當天有兩百多人參加。

記得凱成提到，他在天母國小讀書時，經常去天母西路的麥當勞。排隊買漢堡時，看到很多美國學校的學生，「我很羨慕他們的英文怎麼講得這麼好、這麼流利？」

如今，因著上帝一路奇妙的安排，加上他自身的努力，不僅成為哈佛大學畢業的優秀人才，當初令他羨慕的英語，也如母語般琅琅上口。

我女兒正好是台北美國學校的學生，她是羽球校隊的成員，而且表現不錯。台北美國學校的羽球隊，連續十多年奪下亞洲國際聯校冠軍，但當初女兒入選校隊時，我卻是不支持的。

對孩子的教育，我不會因為她某個科目不好就要她補習那個科目，而且通常當孩子想做什麼，我一定盡量支持。儘管如此，當女兒想加入球隊，多花時間在運動上，我還是有些抗拒。

她的課業成績普通，我希望她先把時間用在讀書上，課業成績提升了，行有餘力再加入球隊。因為我認為，時間管理對她來說是陌生的，如果要同時兼顧學業及運動，我擔心她會只顧著球

隊而荒廢了課業，更別提她還兼任時尚社團的會長；另外，我也捨不得她受傷，不管是因為打球而受傷，或是因為表現不好而心理受挫。

我一方面擔心孩子遭遇困難、挫折和失望，最後無法承受痛苦，而孩子的痛苦往往就是家長的痛苦；但是另一方面，如果遏止孩子做想做的事，又可能扼殺他們發展的機會、學習團隊合作的機會，以及那顆愛運動的心。我相信許多台灣家長都像我一樣，對孩子投入課業之外的活動，感到兩難。

但是，聽了凱成的演講，知道運動是教育的一環，受到這個理念啟發，我的想法徹底改變了。「好，妳想去就去吧！」我這麼告訴女兒。

但令我極度驚訝的是，當她投入自己喜歡的運動之後，反倒做好了時間管理。她專心運動、專心讀書，不僅出國比賽獲獎，課業成績也變得很優異，整個人脫胎換骨了！

愛生協會的成員多半為人母親，看見女兒的改變，大家認為，凱成所做的事和他的理念，是亞洲和台灣都需要的。因此，大家極力支持本書出版，讓凱成的故事更快被更多人看見，發揮更大的影響力。愛生協會成員無私的投入讓我非常感動！

我雖然每天看書，但早已習慣每天只看一小段，很少有一本書會在一天內看完。卻在閱讀本書時，產生一口氣讀完的衝動。

不可否認，亞洲的教育比較重視分數和結果，但是我們相信，凱成想翻轉這種教育生態的堅持，將會帶出奇妙的連鎖效應。我們非常幸運能合作出版此書，為這場改變著實出一份力。

這本書，也幫助了愛生協會。對團隊來說，這是一個全新的傳播平台，讓我們得以運用文字傳達如此重要的理念，還能同時期盼台灣下一代的蛻變。再次說：我們真的非常幸運！

看見人生真正的價值

—— 何凱成・球學創辦人

　　我跟大部分人沒有什麼兩樣，所以，如果像我一樣形似孤兒，不懂一句英文、不懂美國文化、不懂美式足球，但在五、六年間，因為換了一個「環境」、被給予了「機會」，可以到哈佛大學打美式足球，我深信，我們台灣和亞洲的學生也可以做到。

　　人生是不公平的，但我們被創造是平等的，每個人都有機會，憑藉自身的努力與付出，成為最好的自己。

　　愈大的挑戰，代表愈大的收穫；愈大的夢想，代表愈多的犧牲。我們每個人都有一個很強大的自己，通常會在經歷患難、挫折、痛苦、徬徨之後展現。當你被擊倒在地，甚至傷重吐血，你依舊有權決定，是要就此放棄，還是站起來繼續奮鬥。你的人生和品格，將從此不同。

　　因為有這樣的意識，你會理解到要不斷訓練你的心靈，因為你的身體會不斷地跟上，成為更好的自己。重點是要相信這個過程，哪怕這過程是不愉快的、痛苦的，還是要選擇相信。

　　這樣的能力，在課堂上學不到，也不可能通過書本學習，必須要實際嘗試、去做和體驗。運動提供了很多機會，讓我學習到這些寶貴的值觀與思維模式，且都能在日常生活中實踐。這也是我出這本書的主要原因──創造動機，讓大家實際動起來，一起改變我們的觀念和行為，活出我們每個人最好的自己。

　　透過本書，我希望讀者了解，運動與學業可以並重，甚至能夠幫助年輕人培養良好的價值觀與強大的領導力，是培養未來領

袖最好的途徑。

我們必須用嶄新的概念，重新定義教育的價值。我們必須學習，看見孩子的天賦與才華，了解品格才是衡量一個人的標準，不是分數，不是學校。

這是長達十數年以至數十年的浩大工程，但我們真的不能再等了。我們必須停止抱怨、停止責怪政府、停止責怪學校，從我們自己做起。這個浪潮已經開始，我們要從年輕世代做起、從學校開始改變。

2013年，我們成立「球學」，從建立網路平台開始，持續推動「讓運動成為教育的一環」的使命；到2018年，球學舉辦第一屆球學聯盟邀請賽，讓運動回歸校園，共二十七所學校參與，一路打到2019年4月11日，圓滿落幕。

落幕並非結束，而是開始。我們很敬佩，這麼多學校、教練、家長勇於與眾不同，願意幫助孩子創造不同的路。截至本書出版為止，已有八十多所學校表達2020年加入球學聯盟的意願。

我們盼望，有一天，孩子不再需要為準備考試而耗盡所有時間；有一天，父母開始相信並重視孩子課業外的成就，願意讓孩子為自己的興趣、天賦與才華，投入更多時間與精力。運動不是唯一選擇，音樂、戲劇、繪畫……，同樣值得重視。

一群來自愛生關懷協會的母親，他們看見課業外的成就對教育的價值，進而促成本書的出版。這是一段改變文化的過程，希望讓孩子盡情揮灑天賦與才能，實現一個始於台灣、擴及亞洲的夢想。

為了更高的分數，
還是更好的人生？

2019年4月11日，第一屆球學聯盟（Choxue League, CXL）全國季後賽冠軍賽開打，吸引Eleven Sports體育網、愛爾達、公共電視、青年發電機、運動視界等媒體到場採訪，中國大陸的中國體育也加入線上轉播行列。

經歷五個月時間，從例行賽打到總冠軍戰，由台北區第一種子中正高中和HBL（高中籃球聯賽）傳統強隊彰化高中爭奪冠亞軍。

當比賽進行到第四節，剩下最後7.59秒，歐洲合唱團〈The Final Countdown〉樂聲響起。這時，雙方比分差距超過三個攻擊球次，勝負已經底定。

然而，沒有人鬆懈。

7.59秒，中正高中從場邊發球。

5.26秒，彰化高中搶到球，發動攻勢。

3.82秒，中正高中犯規。

3.75秒，彰化高中兩罰進球得分，比數進到44比49。

0.54秒，雙方爭球。裁判宣布，球權屬中正高中。但是，彰化高中仍舊緊迫盯人，圍堵敵隊的持球人；中正高中持球的球員，也是眼觀四面，伺機傳球給隊友，準備接球的、打算攔截的……，人人處於進擊狀態。

嗶！哨聲響起，白色彩帶從四面八方的觀眾席灑下，一道道白浪

起伏中，擴音器裡傳來宣告：主場的中正高中以49比44獲勝，贏得第一屆球學聯盟冠軍！

興奮的球員甩著毛巾原地彈跳，然後將教練打橫舉起。

比賽不只是球隊的事

這場比賽，場內打得如火如荼，場外也熱情澎湃。

一千五百位觀眾，有揮舞加油棒的學生、拿著彩球加油的師長……，還有髮色銀白的阿嬤笑著鼓掌。

這次，中正高中幾乎全體總動員。不僅開場時學校社團熱舞、儀隊操槍表演，包含家長會、校友會也沒有缺席，大家穿著一模一樣的T恤，一看就知道「我們是一起的」！

司令台一側，平日分秒必爭的名人，寶島夢想家籃球隊領隊陳建州（黑人）、歌手王宏恩、威盛電子特助陳主望、瑞銀集團台灣區總經理陳允懋、愛生關懷協會執行長鍾宜珊、球星毛加恩，以及中華隊球員戴維斯（Quincy Davis）、胡瓏貿、陳盈駿，全都放下手邊工作，席地而坐，專注觀看比賽進行。

另外，運動用品業者Under Armour贊助冠軍賽兩隊全套裝備、老虎牙子免費提供全場飲料、Tutor ABC提供總冠軍隊伍六百堂線上英文學習課程、寶島夢想家邀請總冠軍隊伍做為夢想家主場的特別隨隊嘉賓……

以往，參加比賽的學生運動員，常常感到不知為誰而戰。因為，

同學、家長、校長或老師，都對比賽無感，甚至覺得成立球隊要花錢，是學校的負擔；但是現在，比賽不再只是球隊自己的事，而是所有人都可以也樂意參與的活動。

在球學創辦人何凱成的推動下，這是第一次，美式運動氛圍進入台灣校園，學校、家長、媒體、企業熱烈投入，把單純的運動競賽變成歡樂的嘉年華。從此，美國有籃球「三月瘋」（March Madness），台灣也有自己的「校園瘋」。

中場休息時間，王宏恩鼓動氣氛，帶領現場演唱〈夢想的顏色〉：

……我不怕懷疑的空氣 也不怕嘲諷的雨滴
流浪是為了 找回我自己
夢想最美的顏色叫初衷 在你我心中
逐夢的人握著彩虹 能把努力都畫成幸福……

不怕懷疑、不怕嘲諷、夢想最美的顏色叫初衷……，每一句歌詞，都呼應了何凱成的心境。

人生起伏，更要寵辱不驚

何凱成，或是Cheng Ho，對許多人都是陌生的名字。但他是台灣人打美式足球唯一的名人，而且憑藉這項運動，拿到哈佛大學體育獎學金，擔任跑鋒（running back）這個達陣得分要角，帶領哈佛美式足球隊拿下長春藤聯盟冠軍。

一路征戰，讓許多人留下深刻印象。

「Cheng是個非凡的孩子，所有教練都會想要這種球員，」教練莫里斯（Lonnie Morris）說。

「他在這個領域，是數一數二的好球員，」教練德瑞克（Mickey Derrick）讚嘆。

「Cheng簡直就是被美國撿到的寶！」美國體育記者森特爾（Jeff Sentell）形容。

康乃狄克州地方報《The News-Times》在評選「九位最佳球員」時，何凱成也是其中之一。

在哈佛體育室的「哈佛牆」上，存有一百多年來許多紀錄保持者的名字，「Cheng Ho」是其中之一，而且他也幾度進入長春藤聯盟榮譽榜。

體育記者夏皮羅（Madeleine I. Shapiro）大力讚揚，稱何凱成將成為敵隊的一大威脅。

哈佛美式足球隊總教練莫飛（Tim Murphy）說：「Cheng做為I-AA級別（最高等級）的跑鋒，前途大有可為。」

「如果你曾在球場邊線看到他，你就可以感受到他帶動的氣氛，然後，大家的士氣也跟著提升了，」何凱成的學弟馬可（Marco Iannuzzi）坦言。

記者希特（Jonathan Heeter）形容何凱成，是「擁有一顆金心的善良男孩」。

然而，何凱成的運動生涯並非一路順遂。

他曾經膝蓋十字韌帶斷裂，整整一年戴著護膝；他扭傷蹠跗關節，無法打完那個球季的比賽；他曾經遭受冷落，幾度坐在冷板凳上，看著隊友在場上奮戰。

不過，挫折過後，無論曾經冷默不語或失聲痛哭，何凱成總是很快就振作起來，並且不曾離開運動。

因為，是運動，讓何凱成發現自己的天賦，在天賦中找到歸屬與自信。

教育，在勝負之前

從台灣到美國，何凱成發現：全亞洲的孩子都圍繞在一個競賽，就是考試。但在美國，不管運動、音樂、美術、電玩，有許許多多競賽，每個競賽都讓不同天賦的人得到應有的肯定。

如果各式競賽都能在台灣的校園推廣，孩子將不再按照分數被看待，他們會因為自己的特質和才華而發光，並且在過程中，學到團隊合作、溝通、毅力、勇氣、承擔……

於是，他回到台灣，創辦球學。球學聯盟不同於一般競賽，它強調學生運動員的平衡發展、主張運動回歸校園，讓運動成為教育的一環，希望更多人看見課業外成就對教育的價值。

在AI將取代重複性、單一性工作的未來，何凱成深信，從運動中學到的自信、堅持、榮譽感、合作分工的能力、臨危不亂的智

慧……，才是下一世代需要的能力，也是教育最需要為孩子培養的能力。他很堅定：「如果說阿里巴巴賣的是商品，球學賣的是人的才華、興趣和信念。」

何凱成講到高興的事，習慣性地露出那被美國記者形容為「電鑽也毀不了」的笑容，潔白的牙齒一覽無遺，顯得開朗陽光。

球學要走的路還很長，但是這個從來不畏碰撞的跑鋒，很清楚知道，他的人生正往下一個理想前進。現在，正要開始。

文／編輯部

01

生命必有一扇窗

從我有記憶以來，媽媽的情緒就很不穩定，有時候一個人坐在餐桌前喃喃自語，有時候躲在房間裡整天悶聲不響。

有個晚上，我在睡夢中被媽媽的怒吼驚醒，只聽見她大喊：「滾出去，給我滾出去！」接著，玻璃破碎的聲音響起，還夾雜著姊姊的哭泣聲。

我雖然害怕，還是鼓起勇氣，衝到她們的房間，對媽媽大叫：「妳不要這樣，我們都很害怕！」

這時候，媽媽才彷彿回到現實，哀求姊姊：「別走、別走。對不起！」

我知道媽媽生病，但是這樣的媽媽，讓我害怕，也讓我愧疚。

有一天，我在客廳玩，門鈴突然響起。不知道誰開了門，幾位醫護人員進來，走向媽媽的房間。我聽到爭執的聲音，然後，屋內突然安靜下來。

接著，媽媽神情木然地被醫護人員抬了出來，帶出家門。

我不知道發生了什麼事，注視著這一幕，心裡非常驚慌，又同時感到煩躁，身為家中唯一的男生，竟然無法保護家人，讓我覺得自己很沒用。

家裡有一張爸爸與媽媽的結婚照。照片中，媽媽化了妝、穿著漂亮的白色婚紗，爸爸西裝筆挺，微笑地擁著媽媽，兩人親密相依。幼年的我看到這張照片，總是驚訝於原來家裡曾有過如此美

好的時光，同時也感到遺憾，這段時光如此短暫，短暫到不曾駐留在我的記憶中。

父親入獄，母親患病

後來我才知道，這張照片，其實凝聚了一個家庭的無奈。

照片中，爸爸頂著一頭黑亮的鬃髮，鬃髮下是因為入獄而剃的光頭；媽媽的大禮服裡，肚子已經凸出，孕育中的小生命正是我。

爸爸是一個勇於追求夢想的人，但是創業失敗，欠下巨額債務，迫使妻子帶著兩個女兒離開。他南下高雄，接了新工作，認識當時才十七、八歲的媽媽。兩人還沒結婚，就生下我姊姊，然後又懷了我。

那時候，爸爸因為票據問題被關在拘留所。媽媽聽從爸爸的囑咐，挺著肚子，牽著姊姊的手，前往爺爺位於台北市民生社區的家，向他求助。

爺爺是第一次知道這些事，他非常生氣。但事情已經發生，媽媽肚子裡又是何家唯一的男孩，爺爺趕緊想辦法把爸爸保釋出來，並且要他們當月就補辦結婚手續。

於是爸媽拍了這組結婚照。這之後，我出生不久，媽媽就發病了。

媽媽被診斷出罹患思覺失調症。這種病症的患者難以分辨真實和虛幻，有時行為很正常，有時十分怪異，容易情緒激動或呆滯，常伴隨幻覺、妄想。但是，大部分時候，他們非常安靜、羞怯而

畏縮。

爸爸因為事業忙碌,和媽媽聚少離多,後來更直接分居。我與姊姊跟著爸爸,媽媽雖然不和我們住一起,但是有時候會帶食物來探望我和姊姊,然後默默陪我們上學。

我念國小四年級那年,爸爸的健康狀況急轉直下。雖然爸爸平常看病有時會帶著我,但是我不以為意,直到這時候才知道,他已經罹患肝癌六年。

球場,我的第二個家

後來,姊姊和我搬去媽媽那裡住,在家的時間,我總是感到恐懼不安。

因此,每天放學後,我總是盡量在外面晃蕩。

我常和綽號「蔡董」的同學結伴,一起拼裝四驅車,然後帶到文具行準備的軌道上比賽。蔡董回家常被哥哥欺負,所以也喜歡在外面流連。

不過,大多數的時間,我都是背著籃球去天母公園找人打球,總是要打到筋疲力盡,球友都回家了,我才離開。

公園旁邊就是體惠育幼院,我尤其喜歡去那裡找朋友打球,不知道是不是因為彼此年紀相當、背景類似,在育幼院打球總是令我非常開心,不到天黑絕不回家。

球場，就是我當時的第二個家，它讓我得到歸屬感，也找到生命的出口。

在賽場發現天賦與成就感

我在小學時期就轉學兩次，儘管周折，卻幸運地在這時候發現了自己的運動天分，也認識到它對一個人的重要。

國小一年級，天母國小舉辦一百公尺田徑賽，那是我第一次參加賽跑，結果拿到第一名，而且和其他跑者的差距很大。

「原來自己可以跑得這麼快？」這個結果，連我自己都很訝異。不過，當時年紀太小，只覺得找到一個自己的強項，可以拿第一，感覺「很爽」。現在回想起來，我是透過比賽發現自己的天賦。

類似的「發現自我」，還有一個誇張的例子。

小學下課後或體育課時間，同學都會相約打躲避球。我當然也想玩玩看。我興致勃勃地上場，沒想到，一球丟過去，竟然把一位男同學的手打到骨折。

「你們班上那個捲毛，叫他以後別再打躲避球了！」受傷男生的班導師開玩笑地跟我的班導師說，他知道我不是故意的。我的頭髮很捲，小時候就被取了個綽號「捲毛」。

意外傷了同學，讓我很不好意思，但是我心裡也暗自訝異，又有些開心：「我的力氣怎麼那麼大？」

後來的體育老師兼排球隊教練廖本宏，發現我的強項。「你很有爆發力喔！」他肯定地說，然後把我抓去參加排球隊。

學校蓋了運動中心後，也正式組織了籃球隊，就這樣，我有機會嘗試排球、籃球、田徑等不同運動。每一項我都玩得十分開心。

英雄主義，差點被逐出球隊

因為喜歡運動，我希望變得更好，也很享受進步的過程。

五、六年級時，我加入天母國小籃球隊。當時小學的訓練是一天兩次，一次是早上上課前，一次是下午放學後。我覺得這樣還不夠，中午還去找教練練習。

跟當時許多喜歡打籃球的孩子一樣，我喜歡看NBA球賽，夢想著有朝一日去美國打NBA。

隊友選我當隊長，我覺得當之無愧。我對自己很嚴格，也用同樣的標準要求別人，希望大家都能變好、變強。

訓練時，如果學弟上籃沒進球，我會罰他們做伏地挺身，一邊罵著：「你怎麼沒有進球！你在做什麼？」有一次，看到學弟的爸爸來，我也照罰不誤。

不過，我自己沒進球時也會這樣罰自己，除了以身作則，也是自我鍛鍊。

我們的籃球教練廖進財（後改名為廖哲嘉），將我的所有表現看

在眼裡。有一天，他看不下去了。

「我們球隊不需要你這種人，你滾！」廖教練毫不留情地說。我原以為自己很厲害，球隊少不了我，但是教練的態度十分堅決。

我一邊大哭，一邊在心裡詫異，「哇！你怎麼捨得這樣做？」

我不想滾，想留在球隊。

對我來說，球場就是一塊聖地，是我內心的寄託。離開球場，我要去哪裡？

我害怕了。

還好，也因此，我終於靜下心來反省自己，最後廖教練同意我留下來。

直到現在，我還是非常感謝教練當時這麼做，他讓我理解到團隊的重要，不管你是多麼厲害的球員，都不會是球隊的全部。

一上場就奮不顧身

我很喜歡廖教練，不是因為他原諒了我，而是他的教學方式，雖然嚴格卻很有趣。

做體能訓練的時候需要反覆衝刺，這時，他教我們要有「勇士上戰場」的心態，「你們奔跑的時候，要大喊殺、殺、殺！」

我會帶頭吼叫，想像自己在戰場上進攻殺敵，把恐懼丟到一邊，

專心向前挺進。這個觀念對我幫助很大，讓我了解，人的極限是可以不斷突破的。日後我遇到挫折時，永遠可以回到這個信念再出發。

這種衝刺的感覺，讓我熱情澎湃，當下覺得很過癮、很開心，我很享受這種快感。

有一次，和某個國小比賽。賽前練習時，我的單扣、雙扣都沒問題，勇猛得很；到了正式比賽，在一次快攻中，搶到球的我，耳邊響起廖教練的聲音，「凱成，灌籃！」

我什麼都沒想，沒留意自己所站的位置，憑著直覺就彈跳灌籃。結果，我不僅沒得分，還跌倒扭傷了手，無法打完全場比賽。

我絲毫不後悔。因為那是我生平第一次灌籃，我很想知道，大家看到我居然可以灌籃，會有什麼反應？

這樣勇往直前的性格，讓我在課堂上有過一番特別的體驗。

敢拚性格，在課堂挑戰威權

我小學的學業成績普通，大多在全班十五名到二十名，當時天母國小有位王老師，非常嚴格，學生犯錯就會被她處罰。

有時，王老師會處罰犯錯的人咬粉筆和罰跪。有一次，我回家後跟爸爸提起這件事，他很生氣，打電話向校長投訴。

「是誰回去告訴家長的？」隔天，王老師大聲質問全班同學。

「是我！」我舉手說。其實當下我有點害怕，但是我覺得，就是我啊，是我說的，只能承認了。

王老師傻眼了，但最後她並沒有懲罰我。

從運動中得到認可

除了在球隊打球，放學後，我也喜歡去公園找高中生、大學生甚至中年人比賽。小學五、六年級的我，身高就有168公分，和這些年長的人打球，毫不怯場。

大人看到我的表現，常納悶地問我：「你到底幾歲啊？」

「十一歲，」我得意地回答。

「什麼！？」驚奇過後，他們就會用期許的語氣鼓勵我：「好好打，以後可以當國手。」

大人這樣說，代表我很厲害吧？我憑著自己的本事受到認可了。

我開始對自己的運動天賦充滿信心。

小學階段，因為家庭的關係，我有點自卑，但沒有完全跌落谷底，就是因為在球場上得到認可和重視。我想，如果沒有這個機會，我可能真的完蛋了。

爸爸身體健康時工作相當忙碌，甚至連一次學校家長會也無法出席。但是，他曾經撥空到運動場看我比賽。

有一天傍晚，我們正在進行籃球練習賽。我抄截了對方的傳球，奮力運到籃框下，上籃，球猛烈地拍打籃板，然後，入框，得分。我衝刺回到防守崗位時，突然看到一個熟悉的身影從球場旁的樓梯出現，是爸爸。

那是我打籃球三年來，爸爸第一次來看我比賽。我很驚喜，更加卯足全力打，想讓他看到我的球技，得到他的肯定。他也微笑看我打球，偶爾和教練說話。

父親慧眼，開啟赴美之路

放學後，我跟爸爸一起回家。

在路上，他對我說：「凱成，我想送你出國。」

我問他：「為什麼？」

「我覺得，你在球場上找到了自己。我希望培養你這方面的才能。」

我傻傻的，不懂他到底什麼意思。爸爸就說：「我看你在球場上好像很開心、很快樂，而且很有自信。所以，我想送你出國。」

如今我知道，每個家長應該都想看到自己的小孩這樣子吧，開心、自信、快樂，找到屬於自己的舞台。

不過，我當時很天真，聽到後只想到美國NBA，便很興奮地說：「當然好啊，我想去美國！」

沒想到，這段對話影響了我的一生。

後來，我隨著大姑姑到美國後，在學校參加美式足球，我用中文在球套上寫下「爸爸」、「找回自己」，就是為了紀念爸爸對我的愛，也激勵自己勇敢追求所愛，活出最好的自己。

02

每個人都可以和世界競賽

那是一段美好時光。籃球、學校，以及生活中的種種小確幸。雖然蒙上些許陰影，但是仍然擁有盼望，直到爸爸住院的那晚。

從那天起，每天放學後，我和姊姊就直接到醫院陪爸爸。當時已經移民美國的大姑姑，也回到台灣幫忙照顧爸爸。

我幫爸爸翻身、拍背、清理排泄物，告訴他將有一場「教育盃」錦標賽，有足球、排球、籃球……。這是我國小生涯最後一次參賽，我好期待！

我是一個相信奇蹟的小孩，一直相信爸爸會完全康復。我以為，爸爸會康復、出院，然後來看我的每一場比賽。一切都會沒事，回到原來的美好。

但是，爸爸還是愈來愈虛弱，最後陷入半昏迷狀態。

1999年3月29日晚上，大姑姑、姊姊和我都在病房裡。生理監視器上的心跳次數，突然從60、50、40，快速往下降……，我立刻衝出病房找護理師求救。

醫生也來了。他看了看病床上的爸爸，告訴我們，有什麼話要對爸爸講的，趕快講吧。

我大哭，和姊姊跪在病床前。

這時，爸爸緩緩睜開雙眼，含著淚水，用盡力氣彷彿要說些什麼，卻心有餘力不足。

我凝視爸爸的眼睛，告訴他：「爸，別擔心我和姊姊，我們會好好的。」

也許那正是他期待聽見的，也許那正是他需要的安慰，爸爸安詳地闔上雙眼，永遠地離開我們。

不過，那句話我並不是隨口說說，而是我對父親的承諾。即使當時我和姊姊對未來都茫然無知，我仍然堅信我們會找到出路。

父親離世，逼自己快速長大

我不知道爸爸是不是一位好丈夫、好老闆、好朋友，但是對我來說，他是全世界最好的父親。

記得爸爸告訴我和姊姊要搬去跟媽媽同住時，我非常不安。這時，爸爸想出一個有獎徵答的辦法。

他說：「你們回去，媽媽的狀況會好轉，有誰知道原因嗎？答對的人可以得到一百元獎金。」

我猜，爸爸是想換一種方式，讓我們覺得自己可以幫到媽媽，是在做一件很厲害的事，就不會那麼害怕。不過，在當時，好勝而務實的我，只想贏得那筆獎金。

我絞盡腦汁講了幾個答案，像是「因為我們有好醫生」、「找到好的藥物」，但是爸爸都笑著搖頭。

最後，姊姊答對了：「我們在媽媽身邊，一起讓媽媽變好。」

我性情急躁，遇到問題總是希望快速得到答案、立刻去做；自己想不通，就馬上問人。我最常問的人就是爸爸，因為在我眼中，他是一位無所不能的愛因斯坦，不管我問什麼，他都能解答。

不過，他總會告訴我：「弟弟，你再想一下，如果還是想不清楚，再來問我。」

每次，我都只是假裝想一下，就立刻問他。

爸爸知道我根本沒有用心思考，但他沒有責備我，只是反問：「如果以後我不在你身邊了，你會怎麼做這件事？」

如果我能冷靜下來，也許可以看見他眼裡的悲傷和憂心，可是當時我只是一味生氣，大聲對他說：「你為什麼要這樣說？你明明就在這邊，為什麼要跟我講這種話？」

雖然我當時完全不想面對他可能離世的事實，但卻非常感恩他的言語。因為他已經在預備，當他不在我身邊之後，我能夠獨立思考的能力。他的言語在我心中留下痕跡，後來每當我面臨重大抉擇，總會從這個角度思考：如果爸爸看到我這麼做，他會開心嗎？他會感到光榮嗎？

母親大愛，放手讓孩子赴美

爸爸過世後，媽媽也住進療養院。大姑姑已有三個孩子，卻仍然依照爸爸的遺願，收養姊姊和我，帶我們到美國生活。不過，必須媽媽簽字同意放棄監護權。

大姑姑和法官到療養院問母親的意願。媽媽清醒時，說了這句話：「美國，是個好地方啊。」

聽大姑姑轉述，當時她和媽媽哭成一團，因為媽媽知道，她自己沒辦法照顧好兩個孩子；但是我們這一走，她不可能自己搭飛機去美國，我們也不可能自己回來，母子三人不知道什麼時候才能再相見。

然而，媽媽還是選擇放手。

語言，成了最難跨越的關卡

收養的手續在台灣、美國同步進行，大約花了六個月。這期間，我和姊姊住在爺爺位於民生社區的家。

依照美國法律，我們的情況視同孤兒，因此大姑姑提出申請後，移民官主動追著她早點完成後續送件；再加上美國總統柯林頓卸任前通過一條移民相關法律，原本要五年才能取得美國公民資格，姊姊和我只花了一、兩年就完成。

然而，到了美國，馬上就有新的挑戰。最棘手的難題就是語言。

2000 年 2 月，我們姊弟跟著大姑姑到了她位於喬治亞州的家，不到一個星期，就接到湖畔中學（Lakeside Middle School）的入學通知，從七年級讀起。

當時台灣的小學還沒普遍教英文，我雖然學了一些，但是只能背二十六個英文字母，根本聽不懂美國的老師和同學在講什麼。看

著他們的嘴巴在動，只能努力猜測他們到底在說什麼。焦慮讓我每天盯著時鐘，希望下午兩點半趕快到，可以衝回家。

幸好，克里夫（Cliff Hancock）主動來帶我。他是我在學校認識的第一個美國朋友。

克里夫友善又熱情，中午休息時間，他帶我參觀校園，比手畫腳地告訴我這是洗手間、那是餐廳；吃飯時，他拿起番茄醬，對我慢慢發音：「ketchup、ketchup」；看到其他夥伴，他也會帶著我和他們坐在一起，把我介紹給大家，幫我很快融入群體。

我的同學十分有趣。好幾次，我滔滔不絕講了五分鐘的話，只見他們耐心聽著，還不斷點頭；等我說完，問他們知道我在講什麼嗎，他們都搖頭說：「不知道！」

更好笑的是，後來我加入美式足球隊，有一次訓練時，教練叫所有球員全速前進，「Go, go, full speed.」我聽成「four speed」（時速四英里），還自作聰明地猜想：嗯，教練希望我們放慢速度。於是，我就慢慢走，結果被教練大吼大罵：「What the hell are you doing, Cheng?」他可能以為我是故意惡搞。

在美國，非英文母語的學生，如果沒有通過英文能力檢測，必須修習ESL（English as a Second Language）課程。因此，包含科學、歷史、藝術、體育等，我跟美國學生一起上課，唯獨英文，我必須去修ESL課程。

為什麼要單獨上這門課？我覺得很丟臉也很恐慌，不過，還是得硬著頭皮去。

我的老師阿塞維滋（Mary Acevez），是位四、五十歲的女士，圓圓的臉上總是帶著笑容，讓我感到十分安心。當時班上只有姊姊、我和兩位外籍學生，老師用動畫帶我們學習英文，也一一教我們四個人做功課，總是教到我們懂為止，從不會為了趕進度而敷衍了事。

後來我到哈佛大學念書之前，專程去向她道謝。謝謝她當年的鼓勵，讓我對自己重拾信心。

從決心看懂一本書開始

有機會到美國發展，讓我理解到，這是一份不能浪費的禮物。「想要在美國好好發展和適應，最重要的事情就是趕快學好英文，」大姑姑總會經常這樣對我們講。

小時候練球，經常打到天黑才回家，球技愈來愈好。學英文，應該也一樣吧？老實說，其實我也不知道自己行不行，但重點就是要開始做。

當時，我常常依靠的工具就是電子辭典，一邊看書、一邊查。

美國的暑假為期三個月，每年暑假，大姑姑會每天開車載我們去圖書館。

起初，大姑姑帶我們到圖書館的兒童區，但那裡都是六、七歲的小孩子；儘管外國人不太會分辨亞洲人的年齡，但我十三、四歲了，半大不小，正是好面子的青春期，硬要到大人區借書。

結果，拿起一本書，我完全看不懂，只好乖乖回到兒童區。沒想到，還是看不懂。

我的好勝心開始作祟。我激勵自己，無論如何，一定要先搞懂一本書！

短短一句話，我就得花兩、三個小時查字典，因為沒有一個字看得懂。天啊，我這樣真的能跟上進度嗎？我自己都懷疑。

不過，我準備了一本筆記本，遇到不懂的單字，就一個字、一個字抄寫，再用電子辭典來翻譯每一個單字。有時候還會翻譯錯誤，因為一個單字有很多不同的意思。

日復一日，沒有捷徑；並不快速，但很扎實。後來我發現，筆記本裡很多都是重複的字。就這樣，這本筆記成為專屬於我的字典，我認識的單字也愈來愈多了。

找出有興趣的內容

成功，沒有訣竅，也沒有捷徑，只有努力、努力、再努力，付出、付出、再付出，以及犧牲玩樂的時間，忍住單調重複的動作，甚至低落的心情。

不過，個性比較急的我，還是難免感到煩躁。因為大部分讀的內容我都沒有興趣，所以也就沒有動機。

後來大姑姑建議我，不如挑些自己感興趣的題材，像和運動相關的書或雜誌，譬如《運動畫刊》（*Sports Illustrated*）。當時姚明剛

通過選秀,進入NBA打球,我就從姚明的故事開始讀起,也有了動機想要真正了解內容。

我一字一字地查,一本一本地讀。大姑姑看我和姊姊學得很努力,也想幫助我們,於是找來表姊的高中同學蘇珊(Suzanne)當家教,幫我和姊姊搞懂英文。

除了自身的付出跟努力,再加上畢竟在學校是唯一的華人,每天與人的接觸和環境,不管看的、聽的、讀的、寫的,全都是英文,語言能力自然大幅提升!尤其連最喜歡的零食跟看NBA球賽都是英文時,我真的無處可跑了!

重點是,我慢慢發現,要敢講,要願意被嘲笑,要願意失敗,要願意被諷刺,這些都是必經過程。就是通過這些笨方式和堅持,我開始慢慢融入美國的生活。

我的語言程度愈來愈好,也通過了ESL考試。從十年級開始,我終於不用再上ESL課程了,可以和大家一起上英文課。

不抱怨,拿回人生主導權

大學畢業後,大姑姑告訴我一個爸爸住院時的故事。

有一次,病房裡沒衛生紙了,大姑姑正要去買,但被我爸爸叫住,吩咐她:「買最便宜的就好,錢,留下來給孩子用。」

對我父親來說,人生充滿挑戰。在職涯巔峰時被診斷出肝癌,但是他不曾放棄,持續和病痛奮鬥了八年;即使到了末期,也從未

中斷對兩個孩子、生病妻子的關愛。他的感情世界紛紛擾擾，但始終沒有和我媽媽離婚，讓我和姊姊仍然擁有母親的形象。

沒有人是完美的，但是，對身為人子的我來說，他是完美的父親。

父親的犧牲、母親的放手，讓我深深了解，我現在所擁有的人生，是一份珍貴的禮物。曾經有過的埋怨，都不存在了，取而代之的是，滿心的感恩。

因為，我的父母這麼愛我，願意犧牲自己讓我擁有更好的未來，我好幸福，也真的好感恩。

有時候，他們的犧牲和放手，讓我覺得是對我最大的祝福。是不是很有趣？有時候，我覺得我最大的祝福，就是從很小家人（爸媽）就沒有在我身邊過。

當沒有人能幫我做決定的時候，我自己去做決定。我學習了承擔，學習了自己站起來，最重要的是，我學習了怎麼相信自己。

完美的不完美

我的父母無法一直陪在我身邊，但他們想辦法讓我變得更強壯。他們讓我培養獨立自主的能力，讓我快速成長，可以面對這些困難。畢竟，所有的父母都無法陪伴孩子一輩子，我只是提早學習了這一課。讓小孩子自主，是很重要的能力和觀念。

愛與恨，兩者都是自己可以選擇的。但不同的選擇，卻有全然不同的結果。

有時候，我會對別人的抱怨感到憤怒，也看不起他們。因為我覺得，這是在浪費時間、浪費精神。當你抱怨時，就等於是認輸了，你已經把主動權交給未知，才會感到沮喪、無力。

人生在世，最重要的不是你的處境如何，而是你如何看待自己的處境。

人的出身本來就是不公平的，世界也確實是不公平的，有人含著金湯匙出世，有人生在貧窮的家庭；但「人」被創造是平等的，無論你是什麼膚色、住在什麼地方，你都可以和世界競賽。

大部分人會把「公平」和「平等」劃上等號，但兩者是有差異的。人被創造是平等的，並不代表我們「值得」或「應屬」一樣的事情。這也是我後來學習到的，並非每件事情都是理所當然。

每件事情都是有代價的，也都是必須要付出的。只要你願意努力、犧牲，不斷堅持再堅持，付出代價，就可以成為自己想成為的那個人。每個人，都是可以和世界競賽的。

03 不為過去的失敗停留

雖然英文程度很差，不過我的體育很強，尤其是籃球。

上體育課的時候，它讓我一掃壓抑的心情，暗自吶喊：太好了，這是我擅長的！一定要讓大家好看。

一開始，沒有同學主動選我同隊；但比賽一開始，我就瘋狂展現球技，即使有三個人聯手防守我，也完全阻擋不了我上籃得分！

我注意到，大概有三、四十個學生跑來圍觀，場外還有三個體育老師盯著我看，其中包含我們班的體育老師。

意外成為校園傳説

魏德納（Tom Weidenaar）是體育老師，也是籃球隊與美式足球隊教練。

體育課結束後，他把我叫過去：「Cheng, can you touch the rim?」他想知道我不能摸到籃框。

應該沒問題，我用力一跳，碰到了！我的右手抓到籃框，整個身體吊在籃球架上！

接著，我聽到大家驚呼：「Oh, my God!」

隔天，一則校園傳說開始流傳：學校來了個能灌籃的亞洲小子。其實，我只是能碰到籃框，沒想到竟然變成可以灌籃。

後來，魏德納教練來找我：「你明年一定要參加籃球隊！」

為什麼要等到明年？這是什麼邏輯？我完全不懂。

我說：「Next year? Why not now?」我現在就要打球，我現在就想被肯定！

魏德納教練還是不為所動，「Next year. Next season.」

原來，運動在美國是有季節性的。

籃球是室內運動，所以在冬天打，從11月到2月；美式足球是室外運動，所以排在籃球之前，從9月到11月；其他像是田徑、足球等，都屬於室外運動，放在3月到5月。

當時是2月，籃球季剛結束。魏德納教練建議我，先參加美式足球隊，之後再加入籃球隊。

美式足球翻轉人生

我在台灣念小學時，有一次轉到美式足球比賽的節目，感到非常納悶：這是什麼運動啊？怎麼會有一群人戴頭盔、穿護具，撞來撞去，哪些笨蛋會玩這樣的運動？我馬上轉台。

不過，現在情況不一樣了。朋友去哪裡我就去哪裡，朋友打什麼球我就打什麼球，就像在台灣，大家都是下課去補習班交朋友，在這裡，大家是去運動交朋友。

吉米（Jimmy Johnson），個子不高，是美式足球校隊的四分衛（quarterback），也是隊長。他主動來找我打球，總是熱情地邀我

加入球隊。

我想，如果不是他帶著我，可能我根本不會去打美式足球。

改變命運的良師益友

從我一接觸美式足球，教練就指定我擔任跑鋒。

速度與反應，是跑鋒必備的條件。不過，當時年紀小，什麼都不懂，後來深入了解美式足球才發現，我要好好感謝國小時期的籃球練習。

在天母國小時，教練會叫我們從場邊底線跑到罰球線，再跑到球場中線；之後，再從中線跑到最遠的底線，然後回跑罰球線。就這樣，短短長、長長短地反覆練腿力，奠下扎實的基本功。

比賽時，跑鋒的重要任務之一是要能夠握住球，另外還要接到四分衛傳來的球，尋找最有利的衝刺路線，設法達陣或傳球得分。

當教練決定由吉米傳球給我，他會看著我說：「球是要給你的。」「Let's go! Cheng.」

我很開心能持球。

不過，我的英文不好，也不熟悉戰術，很擔心聽錯教練的指令。這時，吉米就是我的救星。

譬如聽到教練喊：Forty Six（46），我知道「4」代表跑鋒，「6」則表示要去第六個間隙；但我還是跟吉米確認一次，才能安心。

「To the right, Jimmy?」我怕跑錯方向。

比賽現場緊張又激烈，有時吉米會不太耐煩，但他還是會回我一句：「Yes Cheng! To the right!」

聽到他肯定的回答，我就放膽往前衝了。

吉米很有領導能力，如果我犯了錯，他會毫不客氣地罵我：「Cheng, what are you doing man?」；反之，如果我表現傑出，他也會大方稱讚：「Good job, Cheng! Way to go. He would give me a hi five.」

漸漸地，我愈打愈好，也更有自信，開始會跟吉米開玩笑。

比方說，他想知道現在幾點，會問我：「What time is it, Cheng?」

我就會故意說：「Cheng Ho's show time!」（是我何凱成表現的時刻啊！）

上了高中之後，他還經常對我說：「Cheng, it's your show time!」（凱成，到你表現的時候了，放膽上吧！）

吉米一直記得這些有趣的小故事，也用這種方式鼓勵我，甚至影響了我的人生。

另一種風雲人物

觸碰籃框的那場秀，讓教練看到我的天賦和潛力，邀請我加入球隊，我就像拿到一把鑰匙，得以打開美式足球世界的大門。

然而打開門之後，怎麼繼續走下去？我毫無概念，而且隨之而來的，是一連串的難關。

掉球，就是我很大的挑戰。

美式足球的造形像一顆橄欖，兩邊各有一條白色縫線，可以加強旋轉力，讓球員丟球時能拋得更遠。一開始，我握不習慣，常常掉球。

八年級時，教練忍不住給我取了個綽號：「Fumble Cheng」（掉球成），他甚至揚言，只要我再掉球，就要在晨會時間向全校宣布這個綽號。

通常，只有跟全校相關的重大訊息，才會在那樣的場合公告周知；如果教練真那麼做了，我就成為全校聞名的「風雲人物」了，只不過是比較丟臉的那種。

忘掉失誤，專注下一球

在許多球賽中，掉球雖然是一種失誤，卻不至於搞砸比賽，像籃球賽，球被對手抄走，可能下一秒就能搶回來；但在美式足球中，一旦攻擊方掉球，攻擊方的攻擊組就必須下場，換防守組上場，成為防守方，進而失去得分的機會。

曾經有個統計，在其他因素不變的情況下，全場不掉球的勝率可達六、七成。

因此，一旦掉球，來自教練的責備是很強烈的。

有一陣子，我是全隊最會掉球的人。

記得有一次，因為我掉球而換場時，走回休息區，只見教練一直看著我，不斷搖頭，總教練更是氣到把頭盔丟在地上，衝著我的訓練教練大喊：「不要再讓他進去打球了！」、「每次都掉球！」、「關鍵時刻掉球，球隊怎麼可能不輸！」

聽到他這樣講，我覺得好內疚。原來我已經成為球隊的負擔？

就在我極度沮喪的時候，一位教練跑過來鼓勵我：「沒關係，忘掉剛剛的失誤，專注下一球！」

這是平常教練不斷提醒我們的觀念，在比賽的關鍵時刻，我居然忘了！

一念之間，我想通了。從此，不管遭敵隊撞擊、擒抱、閃電攻擊，我從沒忘掉這句話。

馬上忘記，把注意力放在下一秒、下一次出擊，然後全力以赴。

這樣的觀念，影響我很深。

在瞬息萬變的球場上，不可能零失誤，你一定會犯錯。重要的是，從錯誤中學習，而不是停留在犯錯的那一刻。

時間繼續在走，比賽不會因為你的沮喪而停下來。

大部分的人遇到問題時，都會不斷責怪自己：「喔，我犯了這個錯！」、「我怎麼那麼傻？」、「怎麼會做出這種蠢事？」花太多

時間與精力懊悔，增加犯錯的代價。

人都會犯錯，也會有失誤。犯錯和失誤不代表你是一個壞蛋或不好的人。犯了錯要反省，很誠實地反省，但時間一到，所有檢討、責備都必須結束。因為，更重要的是下一球、下一個決定是什麼，下一步應該怎麼做。

這是我學到的，也感謝教練願意用這樣的方式看待我。

換個角度看，人生風景大不同

美式足球對我是全新的運動，我從穿裝備學起，包含怎麼戴頭盔、穿護具，習慣壓在身上五到七公斤的重量。

前幾場比賽，我表現很差，後來球技大爆發，有一場比賽裡完成四個達陣，還有很多個70碼達陣得分，也有幾次成功回攻，我也因此受邀參加高中美式足球的春訓。這時候，我才開始覺得：這個運動滿有意思的。

回想我的人生，好像也是這樣。

父親過世、母親罹患精神疾病，他們在我成長過程中缺席，曾經讓我非常害怕；但是，當我往前看便發現，我因此有機會到美國、有機會認識美式足球，進而到哈佛大學讀書，再投入我所熱愛的運動教育。

在異國的球場上，我學會：不要停留在過去，勇敢向前看。

中學加入美式足球隊時，我拿到的球衣是33號。如今回想起來，這個號碼非常有意義 —— 耶穌被釘上十字架，讓祂的子民獲得新生命，正是三十三歲；而我，也從拿到球衣的這一年，告別過去，展開一段以前沒想過的新人生際遇。

04

時時刻刻的練習

全球最受歡迎的運動是足球，但在美國，則是美式足球。

球季賽程的安排非常特別。每週五晚上七點三十分，在全美五十州、一萬四千個高中的美式足球室外球場，同步開打；到了週六，是全美大學美式足球隊比賽；週日，則是職業隊。

這時候，全美國彷彿陷入一種魔咒，從媒體報導到日常生活，人人都在談球賽，討論自己學校的球隊。有時候，對學校球隊的討論度還大於職業隊；更誇張的是，有些討論的人，根本不是從那些大學畢業的！

我居住的鎮上，幾乎所有人都是七點一到準時下班，就是為了前往球場看比賽。

也因此，美式足球隊員受關注的程度，絲毫不亞於影視明星。

初嘗暴紅滋味，啦啦隊獻殷勤

所有運動比賽中，只有美式足球有樂隊表演做為開場。球賽開打之後，只要球員表現精采，樂隊就會奏樂激勵。以我為例，在伊凡斯高中的時候，每次只要我達陣得分，樂隊就會擊鼓，並且還有專門的口號：[Boom] [Boom][Boom] Cheng Ho!

十二年級時，我已經小有名氣，會收到球迷的信，或是跟我要電話；啦啦隊則會幫隊上幾個明星球員準備零食、寫加油鼓勵的小卡片……

在大學，美式足球受重視的程度，又是另一種盛況。

我還記得在哈佛大學的一場比賽，場邊來了一群女子籃球隊隊員，穿著白色T恤、牛仔褲。她們的衣服上有不同字母，十一個人一字排開後，連起來就是「CHENG's HOES!」（何凱成的妹）。

隊友看了大笑，教練也跟著回頭看，嚇了一跳，問我：「What is going on, Cheng? What happened?」大家都很好奇是什麼狀況，猜想我到底做了什麼。

我無辜地搖頭：「我也不知道。」

美式足球員在大學裡受崇拜的程度，可說人盡皆知。記得我第一次工作面試，摩根史坦利的面試官也問我：「你曾經是美式足球員，現在要捨掉光環到基層工作，你可以接受這種落差嗎？」

加入美式足球隊，讓我成為注目的焦點，但成為焦點的原因卻有許多。有些是因為表現優異，也有些是因為表現實在太差。

常掉球，那就全校來搶你的球

中學時期，為了很快適應環境，我積極參與各項運動。只要是球隊一份子，就必須遵守球隊的規範。更重要的是，我們的表現和行為都代表學校的名聲。這是一種榮耀感和歸屬感。

十年級時，我在伊凡斯高中。為了改掉我常掉球的毛病，教練喬姆基斯（Lee Chomskis）命令我：「Cheng，你每天就帶著這顆球，不許掉！不管你在吃飯、上課還是上廁所，如果掉了，你就完蛋了！」

不僅如此，他還補了一刀。

「各位，如果你們看到Cheng帶著球，就想辦法搶過來。誰搶到，誰就有賞，」教練毫不留情地向全校宣布。

其他科目的老師也完全配合喬姆基斯教練的做法，沒有人阻止或嘲笑我上課抱著一顆球。

從那天開始，每天上學，不管走到哪裡，我都把球抓得緊緊的，因為每個人都對我虎視眈眈。有同學會衝撞我，試圖搶走我緊緊夾在腋下的球，有些人則會悄悄從我背後偷襲。

一旦球被撞飛出去，我立刻飛撲搶救，有時候還會摔得四腳朝天。

有一次，同學把球從我手上拍掉，不誇張，我瞬間忘記自己是在人來人往的走廊，直直盯著球在空中飛的軌跡，看準時機飛撲上前。在我接到球之後，整個人才回過神，只聽見旁邊的人像是看傻了眼，發出長長的驚嘆：「哦哦哦哦哦哦哦哦！」

不知道是讚賞我表現太勇猛，還是動作太滑稽？

放低姿態，才能頂住更大衝擊

那段期間，我每天都死命帶著球跑，一堆人在後面拚命追著。

「這顆球，就像是你的小孩。你會讓敵人拿走你的小孩嗎？」教練這麼形容。

一開始，我會很緊張地四處張望，注意是否有人突襲，不自覺地

東躲西閃。漸漸地，我練就隨時保持警覺的功力，腋下的球愈夾愈緊，握球愈來愈有力，動作愈來愈敏捷。每天與球形影不離，甚至連睡覺也抱著球。

在和全校對抗的時期，我還體會到另一項跑鋒祕訣：Low man wins。

這句話的意思是，重心愈低，別人愈推不動你，愈有可能贏。

一開始，我不懂這個概念，總是抬頭挺胸向前跑，不僅被撞得很慘，轉換方向不易，還容易掉球。在每天抱球的訓練裡，逐漸掌握訣竅，學會放低身姿，壓下胸部和肩膀，半蹲帶球跑。

就憑著這樣的不斷練習，到了十一年級，我寫下自己的紀錄：持球191次，沒有掉過一次球。

美國針對高中美式足球隊，依據學校學生人數，分成1A、2A、3A、4A、5A不同等級。那時我的學校競爭力強，屬於5A，能在5A擁有不掉球的成績，讓我對自己愈來愈有信心。

好成績不會憑空而來

好成績的背後，必然是辛勤的練習。除了前述看似好玩的特訓，美式足球中更多的是，如同軍隊般嚴格的鍛鍊。

美式足球一節十五分鐘（高中為十二分鐘），全長六十分鐘。在這六十分鐘之內，兩隊會發動一百多波進攻與防守，十分考驗球員的持久力、意志力與爆發力。因此，舉重、跑步和體能是最重

要也最基本的訓練。

非球季時，舉重訓練每週四次，目的就是希望讓我們變得更強壯、更快速、更大隻。週一練上半身、週二練下半身，週三休息，週四再練上半身，週五繼續練下半身。

舉重之外，也會鍛鍊速度、敏捷度和爆發力。至於球季期間，因為要配合比賽，所以舉重一星期兩次；剩下的時間，都是為比賽而準備。

魔鬼訓練，五花八門

大學的訓練比高中細膩嚴格，但更有規劃和系統。舉重主要有三個項目：臥推（bench press）、蹲舉（squat）以及挺舉（power clean）。一百個球員分成大（Big）、中（Combo）、小（Skills）三個群組，依每個組別的人在場上扮演的角色，各有不同的訓練強度和次數。

換言之，每個球員的臥推、蹲舉和挺舉最大肌力，都有專屬練習清單，四年下來總共有一、兩百個動作。

為了鍛鍊腿部的爆發力和協調性，訓練跑步的方法則是五花八門。

比賽開打後，在一波攻擊結束、下一波攻擊開始之間，大概有35秒讓球員緩衝，所以，訓練速度時特別重視短距離衝刺和折返跑，跑10秒、15秒，休息20秒、24秒再接著跑，一次訓練要跑二、三十次。

我們也會拖重物跑步 —— 把舉重的槓片放在一輛台車上，45磅、90磅都有，每個人拉著自己的小車衝刺。

另外，還要跑樓梯。

美式足球場很大，觀眾席呈階梯狀排列，跑樓梯訓練就是從走道的最底層跑往最頂層。要跑多少趟？答案是，跑到教練高興為止，或是跑到有人吐了才停止。

照顧身體，是身為球員的責任

開賽前，球隊通常會有一至兩週的季前訓練營（pre-season camp）。在這段期間，有時一天要訓練兩、三次。

然而，喬治亞州的夏天，氣溫動輒攝氏三十七、八度，豔陽下訓練很容易中暑或脫水。不過，這種魔鬼訓練也是考驗球員自我管理的能力。

明知外在環境如此惡劣，身為球員，能不能照顧好自己的身體，避免自己跑到吐？

教練經常提醒我們補充水分。什麼時候該喝水？辨別的方法是觀察尿液的顏色：接近透明代表身體水分充足，黃色代表水喝太少。

尤其，每逢假期，球員比較容易鬆懈，教練便經常告誡我們，不要放縱飲食：不要一放暑假就什麼事都不做，只想要狂喝可樂、猛吃炸雞……

在教練眼中，一個尊重訓練與比賽的球員，必須照顧好自己的身體。所以，對於缺乏紀律的隊員，輕則增加訓練強度，重則取消練習資格 —— 在眾人奮力練體能時，自己被晾在場邊，其實是很丟臉的。

尊重比賽，也尊重自己

比賽是最簡單的，訓練是最痛苦的。這句話，是所有美式足球隊員的共同體會。

一年有三分之二的時間都在訓練舉重與跑步，無論睡眠不足、生病、考試，或者是外面下雨、下雪……，沒有任何理由可以逃避。而且，訓練過程的每一分鐘，球員都在挑戰體能極限。

你的身體永遠會比你的心靈先放棄。換句話說，如果你的心靈不放棄，你的身體會跟著你的心靈走。

我記得教練常說：「你做過什麼樣的訓練，比賽時才能展現那樣的成果。」因此，所有日常訓練都是比賽的加倍，如果比賽時必須跑一百公尺，訓練時就必須練習跑兩百公尺。

除了突破體能極限的自我挑戰，訓練的精神壓力也非常大。

訓練中的表現，會決定你是先發或後補球員。因此，進攻組與防守組球員會相互競爭，同樣位置的球員之間，也會各憑本事爭取上場機會。缺乏這種競爭心態，就是不尊重比賽。

每個美式足球隊員都很熟悉一句話：The will to win is important, but

the will to prepare is vital.贏球的意志非常重要，但是準備的意志更重要。

直到現在，我的床頭、辦公室都還放著一顆橄欖球，提醒我，時時刻刻進化自己。

05

別讓做不到的事
阻礙你做得到的事

美國的中學運動風氣很盛，學生多半都會參加校隊。體育向來是強項的我，自然也不例外，一口氣加入了籃球隊、美式足球校隊、田徑隊，而且都是先發球員。我因此結交了新朋友、開展新的人際關係，人生似乎找到了方向。但是，「啪」的一聲，幾乎斷送我的運動夢。

2003年1月，我跟著學校籃球隊到亞特蘭大比賽。那一場，是伊凡斯高中對喬治亞州的雷丹高中（Redan High School），我們的對手全是高頭大馬的黑人球員，陣中還有一位當時已經名列四星級球員、後來加入喬治亞大學籃球隊的吉伯斯（Corey Gibbs）。

美國有些球探或網站，例如：rivals.com，會將全美五十個州的運動員排名。拿到五顆星的，是最強的選手，通常大學畢業就會加入職業隊；四顆星次之，也有打職業隊的水準，都是非常有潛力的球員。這場比賽，我們完全被對方打爆。

韌帶斷裂，運動生涯告終？

賽事如火如荼進行中，突然，為了閃躲一個緊追不捨的對手，我的腳一拐，「啪！」

我聽到自己膝蓋扯裂的聲音。後來聽旁邊的老師說，那一聲大到連他都聽見了。

瞬間，我重摔在地，痛到爬不起來，腦子裡只閃過兩個字：完了。

裁判和幾個隊友飛奔過來，焦急地探視我的情況；隊醫也立刻上前幫我冰敷。

因傷退場後，我在場邊休息。比賽結束，搭校車回到家，已經晚上十一、二點了。

一路上，腦中閃過無數種可能，「啪」得太大聲，該不會是十字韌帶斷了吧？但我拚命安慰自己：沒事，不會有事的。

隔天一大早，大姑姑送我到球隊的合作醫院 Doctors Hospital，做電腦斷層（MRI）徹底檢查。我最害怕的狀況還是發生了，醫生宣布：「膝蓋十字韌帶斷裂。」

對運動員來講，這幾乎宣告運動生涯就此結束。我討厭抱怨，但這時候，我真的忍不住問：「神啊！祢還要從我身上奪走什麼？」

怎麼辦？

籃球季後緊接著就是美式足球賽季，如果不趕快好起來，就會失去參賽機會。立刻動手術，是唯一選項。

不過，受傷的當下，膝蓋腫脹相當嚴重，必須消腫以後才能進行手術，於是我又等了一、兩週。

求神帶領，安撫絕望的心

手術很快也很順利完成，但我還是擔心，即使完成復健，恐怕也無法恢復之前的體能。

出院後，拄著拐杖回家，我躺在陽台上發呆，腦中一片空白，什麼聲音都聽不見，也看不到未來的希望。

我試著向上帝禱告：

神，我相信每件事發生都有原因。我相信，祢有祢的安排。我願意奉獻一切，求祢帶領，為我找到一條路。

神，如果運動是祢要我走的路，我希望祢可以帶領我，我會給祢我的全部，所有時間、精神、精力，只求祢帶領我。

阿門。

國小時，媽媽曾經帶我去做禮拜；到了美國，教會活動更普遍，我也很快就適應。我的美式足球隊隊友、四分衛布拉德（Brad Freeman），他們一家都是虔誠的基督徒，待人非常和善，他主動開口要帶我去教堂。

之後，他的父母或是布拉德，每個星期天早上，都會開車載我去教會，然後一起吃午餐，再一起看球賽。當時我還不是基督徒，只是很喜歡教會的家庭氛圍。

向名將看齊，專注復健

禱告完，我紛亂的心也安靜了下來。

我努力聽從復健師的指導，專注在每一天的復健治療，然後瘋狂地訓練自己的身體。

我像嬰兒般重新學步，包括：怎麼彎腳、怎麼走路、怎麼慢跑，然後快跑、跳躍。

那段時間，我經常注意一些明星球員的動態。某天，我打開電視，正好看見美式足球隊員麥加（Willis McGahee）的訪問。

麥加隸屬邁阿密大學美式足球隊，是十分優秀的跑鋒。他在大學運動賽的冠軍賽中受傷──膝蓋韌帶斷裂，而且斷了三根。

「I will be back.」我一定會再回來！麥加發出豪語，信誓旦旦地說一定會參加選秀，打進職業隊。後來，他果然完全復原，並參加2003年4月的美國國家美式足球聯盟（NFL）選秀，加入水牛城比爾隊（Buffalo Bills）。

為什麼他傷得這麼重，還這麼有自信？

我開始對他產生好奇，想以他為典範。我告訴自己：如果他可以重返球場，我也一定做得到！

一陣劇痛，看見重生曙光

為了重返球場，不管要我做什麼，我都願意。每週兩次的復健時間，我不斷問復健師：「我的復健進度還可以嗎？」就是擔心復健進度落後。

有一天，復健師拿給我一條毛巾，叫我咬著：「Cheng，接下來會有點痛。」

這時，我突然驚覺他要做什麼。

膝蓋要快速痊癒、自由彎曲，必須弄斷結痂組織。我的十字韌帶

已經形成結痂組織，必須借外力弄斷，才能進行下一階段的復健。但是，會痛！

復健師再三安慰我，疼痛是必然的，但程度是可以接受的。

咬住毛巾，深呼吸，接著復健師就抓著我的腳踝用力往前推，瞬間就聽到一聲「啪！」復健師迅速掰斷我的結痂組織。

「啊啊啊啊啊啊！」我痛得大叫。

幸好當時我大姑姑不在場，否則她一定會超級緊張。

叫完之後，痛感過去，我的膝蓋可以彎了，代表我的復健進入新的療程。

按部就班又帶點瘋狂

復健必須循序漸進，從騎踏車開始，到踩上跑步機，最後可以跑「8」字型迴圈。

另外，膝蓋受傷後，會習慣把重心放在正常的那隻腳，久而久之造成兩隻腳的肌肉發展不平衡，因此，我會做一個動作叫「cone drills」——在地上放三樣標的物，分別以左、右腳單腳站立的姿勢，俯身碰觸這三點，同時還能測試平衡感。

彷彿起死回生一般，經過六個月的復健，2003年9月，醫生評估我可以回到球場，只是必須戴著護膝。

一般來說，十字韌帶斷裂至少要六個月才能復原，我的確是照著

進度走，而且還自作主張，嘗試了許多瘋狂的挑戰。

有一個復健訓練是，跑上坡路。因為爬上坡時，重力在臀部，而非膝蓋，適合我這樣需要緩和強化腿部肌肉的人。

但，我不僅跑上坡路，還和汽車賽跑 —— 看到有車子往山上開，我就跟在旁邊往前衝。

在這些自我挑戰的過程中，成果都超越我的期望，我興奮地發現：「哇！我做得到！我真的還可以！」我愈來愈相信自己，我真的可以！

美式足球有個訓練項目叫做「Oklahoma drill」，是讓兩、三個球員在狹窄的空間中進行攻防，是一種衝擊性非常高的訓練項目。

十一年級時，我戴著護膝，某次練習對上一位十二年級的學長，我不僅穿越他的阻擋，還把他撞飛了。這次成功，對尚未完全康復的我來說，是莫大的鼓舞。

傷癒復出，爆發力更勝以往

我記得，那段時間，當我的朋友們都在週末出去玩樂的時候，我選擇留在家裡做復健。

雖然我下半身沒辦法動，但上半身可以，因此我開始勤奮地做伏地挺身，從一晚一百次提升到一晚兩百次。最後，到了十二年級，我最大肌力臥推（max bench press）可以到315磅。

升上十二年級，我終於可以取下護膝，這時距離我受傷已經過了一年半。但結果是可喜的，我跑得比以前更快、跳得更高、更有爆發力，也確定了人生方向。

我開始思考，從事哪個運動，對我來說是比較有機會發展的？前提是，這項運動必須是我在短期內就可以上場，因為距離中學畢業，我只剩兩個賽季的機會；此外，則是要減少膝蓋的負擔。

身為跑鋒，大部分的動作是前後移動或奔跑；籃球，則需要很多左右移位的動作。美式足球，在草地上跑；籃球，在硬地上跑。

兩相比較，籃球對膝蓋的負擔較大，再加上我的身材不夠高，我決定專心往美式足球發展。

殺不死我的，必使我更強大

2003 年 11 月，美式足球賽季結束，Dr. Hospital 醫院送給我一面獎牌，表揚我努力復健，並且成功回到球場，還有優異的表現。

透明的獎座，上面鑲著一排白色的字：

Never let what you cannot do interfere with what you can.

別讓做不到的事，阻礙你做得到的事。

就像天要下雨，我無法控制，但是我可以決定是否不畏風雨，依舊外出跑步，並且享受跑步的過程，甚至對路人微笑。

這次起死回生的經驗，我真正體驗並學習到一件事：I can do all

things through Christ who strengthens me.靠著賜我力量的那位，我凡事都能做。

人生沒有過不了的難關，「那殺不死我的，必使我更強大！」尼采的這句話，為我這值得驕傲的一戰，做了最貼切的詮釋。

06

最精采的一球在哪裡？

十二年級那年，中學的最後一年，我們伊凡斯高中對上死對頭格林布里爾高中（Greenbrier High School）。

2004年9月17日，當時喬治亞州非常炎熱，戶外場地的座位區卻依舊大爆滿，連草皮上、欄杆上都坐滿人，就為了看這場對決。

格林布里爾是區域中最強的美式足球隊，伊凡斯實力也不弱，排名大概是全區的第二、第三，但是從我入學之後，從來沒贏過格林布里爾。

世仇對決的關鍵時刻

上半場，雙方陷入拉鋸戰，全隊情緒非常壓抑。

格林布里爾的戰術是嚴防跑鋒，不讓我有得分的機會。第一節、第二節，我完全被壓制。到中場休息時，我們以14比12微幅領先，但2分在美式足球中根本不算什麼，只要對方闖入得分區並擒倒持球的人，就可以得到2分，瞬間拉平比數；如果來一個三分射門（field goal），甚至可以逆轉勝。

在中場休息時，因為過度流汗，我的腿抽筋了。

隊友扶我回更衣室，我的好朋友史帝芬（Stephen Keeler）立刻送上一罐酸黃瓜醬汁。

劇烈運動後，肝醣消耗過快，導致肌肉能量不足；或是大量流汗後，鈉離子與鉀離子流失，若未能及時補充水分與鹽分，就容易抽筋。這時，對我來說，鹹鹹的酸黃瓜醬汁就是最佳解藥。

史帝芬打的是棒球，同樣身為運動員，他很了解我需要什麼。

我拿起酸黃瓜醬汁大口灌下去。很噁心又超鹹，但是立刻見效。

下半場哨聲響起，第三節開始，我就在沒人阻擋的情況下，跑出74碼達陣 —— 跑鋒一次持球，能跑陣5、6碼就相當不錯了。緊接著，我又是一個11碼達陣，全隊士氣為之一振。

第四節，格林布里爾的線衛（linebacker）排出銅牆鐵壁的防守陣勢，也被我的隊友悉數瓦解。

打破連敗魔咒

四分衛把球交給我，原本我要往右前方衝刺，但我發現敵方其中一個後衛（defensive back）正朝向我衝過來，我立刻一百八十度轉身左拐，然後加速奔跑，一口氣超越了想阻擋我的人，並且拉長彼此的距離。

我持球衝刺，敵方的弱面 (weak side) 角衛（cornerback）出腳試圖絆倒我。角衛駐守在球場邊線，他們通常是短跑高手，而且身手敏捷，幸好我平衡感不錯，身體顛了一下，卻沒有掉球，繼續持球往前跑。

最後，一個身材壯碩的安全衛（safety）向我追擊而來。安全衛是防守跑鋒達陣的最後一線，通常由判斷力強的人擔任。在他即將擒抱住我時，我再度加速，衝進達陣區，順利得分。

太棒了！全隊都相當興奮，我們的接球員激動地奔向我，蹲下來

用他的毛巾擦拭我的球鞋，慶祝球隊得分。

當天的電視新聞不斷重播這一球，媒體稱讚這一球展現了平衡、加速及擺脫糾纏的能力。

第三、四節，我一共三次達陣贏得18分，加上三次達陣後的射門機會各帶來1分，伊凡斯全面壓制格林布里爾下半場的攻勢，以35比12打破多年來輸球的魔咒。

為生命留下亮點

一場比賽，伊凡斯在喬治亞州打響名號，也讓許多球迷、教練開始認識我。

這場比賽是我中學時代表現最好的一次，也是我人生中最關鍵的一戰，我因此有機會進入哈佛大學。

這個故事，得從我十一年級時結識地方體育記者麥可（Michael Carvell）說起。

麥可關注我的比賽一陣子後，告訴我：「你可以靠美式足球進大學。」他建議我把比賽錄成影片，讓更多人看見。

在美國，高中運動員為了爭取大學獎學金，會自拍影片，向各大學球隊教練介紹自己。麥可就曾協助許多學生運動員製作選秀影片，獲得獎學金。

然而，如何讓教練在成千上萬支影片中，注意到你的實力？

麥可告訴我一個小祕訣：自己表現最好的那一球，一定要在影片前三十秒就出現。

從十一年級的賽季結束後，我依照他的建議製作影片，寄出之後，果真有教練對我感興趣。卡羅來納海岸大學（Coastal Carolina University）、哥倫比亞大學、戴維森學院（Davidson College）、范德比大學（Vanderbilt University）、賓州大學……，紛紛與我聯絡。哇，麥可說得沒錯！

因為這段經驗，我打球的時候總會想：我最精采的一球在哪裡？每次比賽，我都會想創造最精采的一球；到後來，這種追求不只是為了優化選秀影片，更是希望為生命留下亮點，而一個運動員生命的亮點，就在他最精采的那一球。

所以，每次比賽，我不會設定得分目標、不會刻意關注外在情勢，而是專注在當下的每一球，專注在自己該做的事。

忘掉分數，每秒都要拚出全力

後來有人問起，為什麼我在十二年級的那場關鍵戰役，可以在上半場被完全壓制之後，沒有一絲慌亂，還能奇蹟似地拿下下半場所有得分？如何在第三節突破性得分後，沒有鬆懈，在第四節又創造新的高潮？

這是比賽教會我的道理。

片刻的勝利沒有意義，所以，我從來不會緊盯計分器，注意現在領先或落後幾分。身為跑鋒，我的責任是握緊球，分析最佳路

線，專注跑位，這樣才可能真正贏球。

換句話說，成功或勝利只不過是一項附加價值，在每個當下把事情做到極致、創造精采，自然會達成目標。

就像「龜兔賽跑」的故事，兔子因為遙遙領先，心態鬆懈，行為也變得消極；反之，忘記分數，保持積極突圍的心，才可能創造巔峰。

完美，就是每天進步一點點

我大姑姑曾說，她不敢看我打球，因為我到了球場，彷彿沒有家人、沒有自己，眼裡只有球和隊友。

有一次，我被敵隊撞飛，在空中翻轉三百六十度後掉到地上，一動也不動。原本安靜坐在觀眾席上的大姑姑，嚇得一路大叫，跑到場內看我。

我看到她來，不是先查看自己是否受傷，而是覺得這樣太沒面子了！我對她說：「妳為什麼要跑下來？我又沒有怎麼樣！」

她緊張地問我：「你沒事吧？」

我告訴她：「當然沒事！」還很不識相地說：「大姑姑，下次，看到救護車來了，再跑下來也不遲；如果救護車沒來，就代表沒事，OK？」

她覺得又好氣又好笑，抱怨說：「這個孩子是怎麼回事，怎麼會

有這種想法？」所以她很不喜歡看我打球，說心臟會跳出來。

日後更多的比賽中，我也曾經因被撞到胸部而吐血，拿毛巾擦血後就想轉身回球場，是隊醫拉住我：「Oh no, you're not going back out there!」

怎麼會有這麼不知死活的熊孩子？隊醫臉上的表情活像是在說：「還想跑？傷成這樣還想回去打球，門都沒有！」

顯然我不覺得自己是熊孩子，而是覺得自己是個勇士，竟反過來安撫大家：「OK的！只是吐了一點血。」

直到救護車把我載走，在醫院做了檢查，我才意識到這回可能傷得不輕。我雖然了解生命是脆弱的，但也不後悔自己的瘋狂。

從十年級以來，我每天睡前都會看著鏡子，問自己：「今天有沒有盡全力，把我該做的事都做到一百分？」

也許不是每天都做到滿分，但我每天都用這樣的態度做事。即使每天只進步一小步，累積起來就是長遠的進步。就像一棵樹的成長，可能一個星期、一個月、一年，都看不到它變粗、變壯；但是兩年、三年、四年、五年過去，那棵樹會愈來愈強壯，縱然狂風驟雨襲來，也無法摧折它。

我的人生也因此，不知不覺超越了當初設定的目標。

07

以才華和能力贏得肯定

在美國，想進入一所好大學，包含長春藤聯盟學校，並沒有單一方式或標準。

為了確保學生跟得上教學進度，SAT與在校成績必須達到一定程度，但是除此之外，還有不少「彩蛋」項目，運動等課外活動表現就是其中之一。

舉例來說，如果你是全美最好的高中運動員、奧林匹克運動員，或至少在一項運動中擔任校隊主力……，學校評選時就會格外看重你，甚至可能提供全額運動獎學金。

對長春藤聯盟學校來說，課業成績只是一個基本門檻，代表具備聽、說、讀、寫與思考能力，能夠聽懂課業、完成作業。

但是，這些名校不希望學生都是同一個類型、同一種思考模式，他們喜歡擁有不同的人才，在校園裡互相激盪，啟發創新思維。因此，他們也重視學生的領導能力、品格，以及在其他領域的表現，而這些能力必須通過人際互動和碰撞才能學到。

以哈佛大學來說，我們是全美運動校隊項目最多的大學，總共有四十二項運動校隊，而且歷屆哈佛畢業的校友，有半數加入校隊，包含美國前總統歐巴馬曾在高中打籃球校隊、約翰‧甘迺迪參加美式足球校隊、微軟前執行長巴爾默（Steve Ballmer）曾是美式足球校隊的裝備經理……

不要因為失望而放棄希望

十一年級時，我就設定目標，要加入D1級的大學美式足球隊，因

為這些學校可以提供體育獎學金。我不想讓大姑姑和大姑丈為我支付大學學費，也想向別人證明自己有這個能力。

所以，在十二年級賽季結束後，我製作了一支長達八分鐘的影片，連同我的成績單及我的故事和親筆信，裝成包裹，寄給二、三十所學校。一份包裹的郵資是 3.75 美元，到現在我都還記得。

這個做法，不是一開始就看到成果。

有一次，范德比大學的教練來學校看我，透露他們還有一個獎學金名額，目前留給另一位跑鋒，如果那位跑鋒沒有接受，這個獎學金就是我的了。

終於有機會進入 D1 大學了，當時，我既期待又興奮。可是，之後那位教練卻再也沒出現。

正當我覺得進入 D1 的夢想已經無望時，麥可打電話鼓勵我，堅持下去。

因此我不僅沒有放棄，還向更高的目標挑戰。我又寄出二十支影片，包含哈佛大學。

我崇拜的 NFL 知名教練隆巴迪（Vince Lombardi）曾經說：

「成功者和他人不同之處，不在於力量的有無，也不在於知識的多寡，而是意志的擁有。」

The difference between a successful person and others is not a lack of strength, not a lack of knowledge, but rather a lack of will.

確實，如果我沒有堅強的意志，因為幾次挫折就輕易放棄，後來就沒有機會進哈佛了。

參加夏令營，展現實力的敲門磚

一開始出師不利，麥可推測，可能D1等級的大學教練不認識我，因此建議我去參加這些大學的美式足球夏令營。

夏令營裡有許多測驗和競賽，可以展現運動員的能力，更重要的是，能讓這些大學教練看到。

在十一年級的暑假，我就打算實行麥可的提議。不過，在大姑姑和大姑丈的傳統認知裡，考好SAT比較重要。靠運動表現上大學，超出他們的經驗，也無法相信；而且，暑假正是全新學習、提升成績的最佳時間。

知道我的計畫後，向來很疼我的大姑姑夫婦放話：「不行！如果你的SAT沒有考出好成績，我們不會帶你去參加夏令營，要去你自己想辦法！」

我尊重他們的意思，盡力去考SAT。SAT滿分1,600分，我花了兩、三年時間，考了七次，最好的成績也只有1,150分。

美國的SAT是一個付費參加的考試，對他們來說，我肯定是最棒的投資。如果全美每個學生都像我這樣拚命考試的話，他們就賺翻了。

準備SAT的同時，我也找好友布拉德，請他的家人帶我去夏令營。他們答應了，全家人開車送我到三個州、四個大學，而且負擔行程中的所有費用。

成績太好，再來一次

參加四個大學的夏令營，其中讓我立刻最深受震撼的，莫過於喬治亞大學和威克森林大學（Wake Forest University）的Day Camp。

喬治亞大學的美式足球很強，他們每年暑假會邀請傑出的高中美式足球運動員，參加這個訓練營。

在美國國家大學體育協會（NCAA）的美式足球聯盟中，實力最強的是美國東南聯盟（Southeastern Conference, SEC），幾乎每年全美前十名球隊都來自這個聯盟，而許多參加這個Day Camp的人，一看就是以後很可能加入東南聯盟的球員。

美國的頂尖運動員多半出身窮苦家庭，運動是他們改變命運的最好方式，只要有機會必定全力以赴。我光看他們舉重的磅數，就覺得完全不像十七、八歲青少年，個個實力驚人。

天啊！這些人是怪物嗎！

不過，每個人都有自己擅長的項目，我也不是去交朋友的。參加夏令營就是要去競爭，讓大學教練對我留下印象。

整個夏令營有兩百五十個球員，依照進攻組、防守組分配，好讓教練更認識我們。尤其是一些無法靠測量得到的資料，例如：在

對抗和激烈競爭時的臨場反應、敏銳度、積極性……，都會在這些互動中被放大觀察。

至於有形的訓練內容，包括：5-10-5碼折返跑、立定跳遠、40碼跑碼速度測試等。我嶄露頭角的項目，是在威克森林大學時的5-10-5碼折返跑和40碼速度測試。

為求精確，這項測試有四位教練分別拿著碼錶在場邊計時。

輪到我了。一上場，我就跑出4.43秒的成績。四位教練同時抬起頭，互看了一眼，問我：「你叫什麼名字？」

「Cheng Ho，」我回答。

「再跑一次！」儘管四位教練碼錶上的數字一樣，四個碼錶同時出錯的機率也很低，他們還是不敢輕易相信眼前所見。

我沒有想太多，遵照指示再跑一次。

成績不變。教練們一致點頭：「好，這是真的！」

我的5-10-5碼折返跑成績，在喬治亞大學、威克森林大學和奧本大學（Auburn University）夏令營都拿下第一名。

能夠在幾百個頂尖運動員中拿到第一，我更有自信了，而且能憑才華獲得肯定，我非常開心！

原本喬治亞大學因為我的SAT成績太差，打算拒絕我入學，但是因為球隊教練法布里斯（John Fabris）看到我的優異表現，決定給

我「preferred walk-on status」，也就是優先入學資格，以及一個獲准加入校隊的名額，但是無法提供獎學金。

英文太差卡關

就在我準備接受時，接到哈佛大學教練杜爾迪（Kevin Doherty）的電話。他們正式邀請我前往哈佛參訪，並且支付全程的交通與住宿費用。

為了確保每個學校都有公平競爭的機會，美國國家大學體育協會規定，一位學生球員只有五個邀請參訪名額，稱為official visit。

我原本打算放棄，還是照決定去喬治亞大學。表姊夫調侃我：「你如果不去，一定是亞洲第一個拒絕哈佛的孩子！」

2005年2月，大姑姑、大姑丈陪我到哈佛。當時波士頓還在下雪，整個城市猶如銀色世界。見過面試官後，我們開始參觀校園，和球員及其他學生交流。

在學生宿舍中，我看見這些球員的桌上都放了好多書，還有像《經濟學人》（*The Economist*）這類專業雜誌；有些人正在分享自己上的課、讀的書，另一群人侃侃而談對時事的觀察、對政治的見解。

好多書！好博學！我忍不住感嘆。我看見自己和他們的落差，很想成為那樣的人。

最令我震撼的，是走進美式足球場的一剎那，彷彿走入羅馬競技

場，那樣氣勢磅礴，而規模與設備又是那麼完善。

哈佛三百多年歷史，培養出包含甘迺迪在內的八位美國總統，這些歷史刻痕與榮耀讓我印象深刻。經過一個週末的參訪，我就決定，一定要進哈佛！

不過，行程最後一天，我們一家人坐在哈佛美式足球總教練莫飛的辦公室，他告訴我們，校方認為，以我目前的程度，無力完成在哈佛的學業，他們願意送我多讀一年預科，但是，之後並不保證錄取。於是，我先到康乃狄克州的亞維老農高中（Avon Old Farms School）多念一年（postgraduate），加強語文能力。

追夢千萬里

2005年，我離家到亞維老農高中就讀。和我一起前往去的，還有我們球隊的角衛巴克（Derrick Barker），我們是隊友兼好友。

那是一所貴族式的住宿學校，學生每天都得打領帶、穿西裝。夏天很熱，因此經常出現一幕很好笑的畫面是，學生上半身是光鮮筆挺的西裝配領帶，下半身則是寬大的短褲和涼鞋，因為學校只規定上半身的穿著。

如果沒有哈佛的推薦，以我的條件根本進不了也負擔不起，但亞維老農不僅讓我入學，還提供獎學金。

對學校來說，這是一筆划算的投資，因為如果我真的進了哈佛、加入美式足球隊，就成為他們招攬亞洲運動員學生的最佳宣傳；而且，運動員通常會投入商業經營，正是日後學校募款的好對

象,「本益比」很高。不過,我也很努力。幾個月之後,我的SAT
成績達到 1,150 分。

態度比分數重要

2005 年 11 月,哈佛安排了第二次面試,地點就在亞維老農高中。
這次的面試官是一位哈佛校友,在近四十分鐘的談話裡,他們聽
我介紹自己的故事、週末做什麼、喜歡看哪些書、進入哈佛之後
想做什麼……

在哈佛這個學術氣息濃厚的地方,即使只是等巴士時和旁人閒
聊,都可能發現特別的故事、點燃熱情的火花,但凡與人相處,
無時無刻不在學習。因此面試的重點,在了解這個學生能否融入
校園、享受團體生活,包含課業與玩樂。

在兩次面試裡,最讓我印象深刻的問題是:在你的人生中,曾遭
遇的最大困難是什麼?你如何面對?這個困難怎麼改變你?

他們關心的是你這個人的生命故事、你的成長過程,和分數、課
業完全無關。我覺得,這次面試的難度簡單許多。

然而,一直沒有好消息傳來。12 月底耶誕節前後,巴克已經確定
錄取,我心裡更加不安。

這時,哈佛的教練杜爾迪打電話給我,提醒我最好要有心理準
備,我的成績可能無法被哈佛錄取,建議我考慮其他學校。接到
這通電話後,我的心情沉到谷底。

直到隔年1、2月，有一天，回到學校宿舍後，我發現手機的留言燈閃爍。是莫飛總教練，他在留言中恭喜我：「Cheng, Congratulations! Welcome to Harvard Football Family!」（歡迎來到哈佛大學美式足球的大家庭！）

原來，我的 SAT 分數險險通過哈佛的錄取門檻。

我當場尖叫，莫名的興奮讓我喜極而泣。我立刻打電話給大姑姑和大姑丈，跟他們分享這個等候許久的好消息。

其實，當我進入亞維老農高中後，哥倫比亞大學、賓州大學、耶魯大學也在招募我，但是因為哈佛大學那一趟的美好體驗，我拒絕了。

比較特別的是，2006 年，我接到哥倫比亞大學美式足球隊教練寫來的親筆信，「Cheng，哥倫比亞希望能邀請你加入。只要你點頭答應，你就是我們的學生。」

美國大學的球隊為了招生，會寄邀請信給學生，但只有對特別感興趣的學生球員才會用手寫。因此，我安心不少 —— 如果其他我寄出申請的學校都沒有回音，至少還有哥大願意收我，做我的備選方案，這樣想想也挺不壞。

永不放棄才能被看見

在我就讀的喬治亞州伊凡斯高中，有一半的學生畢業後不再升學，他們開始工作、結婚甚至已經有了小孩。「哈佛」這兩個字對他們來說，是一個很遙遠的名詞。

許多老師、同學、朋友因此愛拿這些事開我玩笑,「嗨!哈佛先生!」(Mr. Harvard!)或「哇!哥倫比亞大學是Cheng的備選方案呢!」

當我的選秀影片被看見,得到哈佛的體育獎學金,對我是很大的鼓舞。因為他們對一個人的判斷,不是按照考試分數,而是看到這個人的才華、能力和品格。我覺得,這才是對一個人最根本的肯定。

08

不要停止做自己

在哈佛大學開學之前，大約8月中旬，美式足球隊就展開為期兩週的集訓。這時正值暑假，沒有上課的壓力，但一天兩、三次訓練的負荷，絲毫不輕鬆。

十一年級時十字韌帶斷裂，讓我深深體會到，能穿上裝備、與隊友一起奮戰，並不是理所當然的。從此，我更珍惜每次上場的機會。儘管只是球隊集訓，我也把它當作人生最後一次上場。

即使是步行（walk-through）練習，只要用五到八成的力道，我還是使盡渾身解數，用足十成十的功力衝刺，百分之百地投入。

可能我這樣做太搶鋒頭，明明只是大一新生，居然這麼「不合群」，終於有一天，一位大四防守組的學長看我不順眼，給了我一些教訓。

當時我是跑鋒，有一球，四分衛要我從後場做一個弧形路線，他會後退傳球給我。我照著跑。這位學長擔任的位置是角衛，一看到我做這樣的路線，馬上往前衝刺。

不巧，四分衛把球傳得太高，我正準備跳起來接球，根本還沒有機會碰到球，那位學長就從背後把我撞倒在地。這個動作明顯犯規，缺乏運動家精神。

教練立刻發火，大罵他：「What the hell are you doing?」

我的腰當下有點不舒服，但我馬上從地上跳起來，拍拍學長的頭盔：「Good fucking hit. Keep coming!」

幹得好！就這樣繼續！不要停！我的話讓全部人都愣住了。

我好像聽到大家在心裡叫嚷：

「不是應該破口大罵幾句髒話嗎，這小子有什麼問題？」

「被撞得這麼慘還叫別人繼續來？腦袋撞壞了嗎？」

其實，我只是單純覺得，在運動場上的競爭，本來就是應該有衝撞、有廝殺，全力以赴、激烈競爭才是對對手最大的尊重。

訓練結束，莫飛總教練召集所有人。大家拖著疲累的步伐，來聽他要交代什麼事。

做自己就是最好的態度

這次的談話，出乎大家意料。

莫飛總教練說：「我通常不會這樣做，但今天我真的很想表揚一位年輕球員，就是Cheng。你們看看他的態度，這就是我們球隊所需要的態度！」

後來，在訓練結束後回休息室的路上，我一跛一拐地離開，路上好幾位大四球員跑來鼓勵我：

「Cheng，幹得好！不要管別人怎麼講，你繼續保持這樣的態度。」

「不用擔心他，他就是這樣。但他不是惡意的。」

在學校餐廳吃飯時，一位大二球員柏利（Andrew Berry）也來為我打氣：「你這樣做很好，一定要繼續維持，不要因為他不喜歡你或想傷害你，就停止做你自己。」柏利後來加入職業隊，目前是NFL 費城老鷹隊（Philadelphia Eagles）的副領隊。

他們和那位學長是多年隊友，有些還是他的室友，而且那位學長曾經獲得知名的「羅德獎學金」（Rhodes Scholarships）。許多這個獎項的得主，日後成為世界領袖、諾貝爾獎得主或是企業菁英，如：美國前總統柯林頓、澳洲前總理艾伯特（Tony Abbott）、美國有線電視新聞網前執行長艾薩克森（Walter Isaacson）。

換言之，那位學長在哈佛相當受尊敬，但是教練和這些學長卻這樣支持我，代表我是在做對的事，讓我更有信心繼續做自己。

不過，堅持自己，必須經歷很多衝擊和考驗，外加孤單寂寞，否則，你無法分辨什麼是自己的想法，你會覺得怎麼做都一樣。

不是每次都有掌聲

在一次大三的例行練習中，進攻組隊友的情緒很低落，防守組球員幾乎是把進攻組球員「壓著打」，甚至在我們的接球員接到球後，一個防守球員直接撞倒他。這是犯規行為，我們的人卻完全不以為意。

我看了很火大，這群人是在耍廢嗎？立刻衝過去捶這位防守球員萊恩（Ryan Burkhead）。

他氣得破口大罵：「What the fuck, Cheng!」

春季訓練的時候，大家經常晚睡早起，非常疲累，因此總是抱持應付的心態，撐到訓練結束就好。包含我自己，做為進攻組的一員，也覺得自己還不夠投入。但是，這是大學生涯最後一年，能上場打球的次數愈來愈少，每一次練習都是珍貴的機會。我認為，必須有人做些什麼，來改變這個不好的狀態。

不過，這一捶，事情就鬧大了。

做對的事也需要溝通

所有防守球員，無論站在球場內或站在外圍，五十幾個人一擁而上，把我撞飛；還有一個防守球員不斷用拳頭打我的頭盔，但我不知道他幹嘛這樣，因為我有頭盔保護，他的手應該滿痛的。

這下，進攻組隊員也坐不住了。線衛詹姆斯（James Williams）是我的好朋友，他是一位身材魁梧的黑人，看到我被打便大叫著衝過來，把打我的那位防守球員撲倒。

幾十個高頭大馬的球員亂成一團打群架，場面十分驚人，但不令人意外，這可以說是美式足球的日常之一。衝突過後，繼續練習。大家的精神恢復了，更加全心投入。然而，被我揍的萊恩是我的室友，其他室友繼續不爽我。

從隊友到教練，都責備我做得太過分了，覺得我的行為毫無必要。

我的做法可能比較極端，但我很清楚，自己不是一時衝動，也並非多此一舉。當天晚上，我寫了一封很長的E-Mail（原文見第104～105頁），向全隊解釋我這麼做的原因。

我坦承自己對萊恩所做的事，無疑是十分愚蠢又危險，很可能導致他受傷。但是，我們進攻組的士氣太低落，而且心態不對。

雖然防守球員阻擋進攻的方式都是撞擊，不過，誰說進攻球員只能挨撞？我想讓我們進攻組球員知道，你必須打回去，就算在平時訓練也一樣。

如果例行訓練中缺乏這種積極的心態，正式比賽時也一定做不到。人不可能像開關一樣，哨聲一響，突然變得勇猛無懼；想在比賽時發揮到什麼水準，就必須落實在平常的每一次訓練中，否則只是為訓練而訓練，無法帶來進步。何況，我們只剩下九場練習，難道不該投入更多熱情嗎？

衝突不可怕，只要能解決問題

高中時，我很喜歡《衝鋒陷陣》（Remember the Titans）這部電影，最近又重看了一次。裡面有段話說得很貼切：

Football is about controlling that anger, harnessing that aggression into a team effort to achieve perfection!

不要害怕越線、引發衝突，因為你所做的事不是為了個人，是為了球隊、為了大我，只要結果讓大家更完美，即使因此必須有所犧牲或遭到誤解，也是值得的。

我不是事先規劃好要在那天發難，也不是一時突發奇想，而是被發自內在的價值觀所驅動。

從大一到大四,我看見學長們在場上撕破臉、打到送醫院,但離開球場後大家馬上變回朋友。因為我們相信團隊大於個人,才有機會培養這樣的革命情感與信任。而且,通過這個團隊,我們彼此之間有強大的互信,這樣的信任不會因為簡單的衝突衝撞或批評就消失。

除了運動,我不知道還有什麼場域可以做到。在這樣的環境下,我學會坦然面對衝突,進而找出問題的癥結並設法解決,讓團隊與個人變得更好。我也相信,唯有這樣,才是真正的團隊合作。

有些人,尤其是亞洲人,很害怕衝突。他們擔心衝突會破壞和諧,從此大家無法再一起工作或做朋友,結果大家也因為這種保留而無法突破,實在很可惜。

信寄出之後,有幾位進攻球員回信給我,他們贊同我的態度,還笑我在信中稱呼大家紳士:「美式足球場上沒有『紳士』這回事,別叫我們紳士。」(There is no gentlemen on the football team. Please don't call us gentlemen.)

至於被我捶的那位隊友,他生氣一段時間後也釋懷了,經常開玩笑地說:「You idiot!」(你這個笨蛋!)我在信裡承認自己行為愚蠢,就這樣成了笑柄。

領導者不能只想著取悅他人

除了隊長,球隊每年會由所有球員投票,各年級選出一至四位領隊(leadership council),與教練討論如何帶領球隊或如何回饋社區。我從大一到大四連任領隊,因此總督促自己要帶動改變,而

且有責任去做一些不討喜的事。就像莫飛總教練常說的：

領導力不是比人氣。*Leadership is not a popularity contest.*

領導者必須做對的事。*Leader is someone who is not afraid to do the right things.*

許多時候，做對的事並不討喜。*Many times, people are not going to like you or like it when you do the right thing.*

我所做的事，也確實不是為了取悅他人。長久以來，我不斷想證明自己。不過，隨著年齡和閱歷增加，我從以前總想「證明別人是錯的」，到現在我想「證明自己是對的」，因為我變得更有自信，不再靠別人的評斷來評價自己。

以前，我總想讓父親引以為傲，希望自己做的每一件事都讓他感到開心；如今我慢慢體會到，每個人來到這個世上，都有自己獨特的使命、才華和上天賜予的禮物，這個「自己」應該被激發出來。

父親過世前告訴我，他覺得我在球場上找到自己，那一幕讓我印象深刻，我一直想活出那個狀態。在球場上，我可以盡情展現、釋放，很開心地做自己。不是為了讓父母開心、學校開心、朋友開心、社會開心，而是回應自己內在最真實的聲音。

用堅持寫下最真實的評價

不少探險家上山下海探勘不為人知的寶藏，但我認為，寶藏最豐富的地方，在墓園。

許多人的天賦從未被開發，很多人的夢想一輩子都不曾實現。也許，等到閉上雙眼的剎那，他們才會嘆息：哇！這輩子竟然就這樣浪費了，為什麼一直在聽別人的想法、別人叫我做什麼，但從未聽自己的聲音、做自己想做的事情？那些可能創造的精采、可能改變世界的夢想，只能跟著他一起深埋地底了。

我不想留下這樣的遺憾，所以我不斷追求，磨練最好的自己。

剛加入球隊時我們就聽說，每次冬季訓練結束後，隊上會頒發「火燒頭髮獎」給全年度最投入各項訓練的選手。什麼玩意？當我們看到教練桌上擺著一個頭髮燃燒的玩偶時，才徹底相信，喔，原來真有這個獎！

2009年冬季訓練結束之後，我獲得這個獎。那是一面木質獎牌，紅色底紋上以金色文字寫著：HAIR ON FIRE AWARD，還有我的名字Cheng Ho。體能訓練教練頒獎時這樣說：

「他每天一早就到球隊報到、風雨無阻參加訓練，而且始終精神飽滿，保持高度積極的態度。這樣的精神，帶給全隊正向的力量……」

He brings it to practice everyday, he's always high intensity, and his level of energy elevates the competition. He always comes with a lot of energy early in the morning……

我很開心，教練給予我這樣的肯定。對我堅持做自己的信念，這無疑是最好的回應。

Titled: This Morning

Gents,

Since I did not have the opportunity to talk to the whole team after practice today, I'm sending this e-mail to address the incidence with regards to this morning. What I did to Burkhead was absolutely stupid and foolish. In fact, it was completely fucking unacceptable. It was, without a doubt, a late hit and a cheap shot as I hit Burkhead 10 yards behind the play. In game, my foolishness will certainly hurt the whole team as a 15-yard penalty will definitely be enforced. On the same note, since this play took place during practice, my stupidity may even hurt Burkhead. If I injured him in any way and forced him to miss rest of the spring ball, I'll feel like a fucking asshole as he's one of our main defensive guys. For those reasons above, accept my apologies.

That being said, my foolishness also allowed me to see something that I do NOT regret at all: the emotions and bonding among us after that play. As we all know, football is an emotional game. The emotions and intensity that were created from that play was what made playing football fun, as most of us can attest do that. I personally really enjoyed the intensity and aggression of today's practice, specifically after my cheap-shot. The defensive guys wanted to take my fucking head off, and our emotions created an even more rigorous competition between the offense and defense. Ultimately, this is what it's all about in spring ball: competing our asses off against each other and getting better everyday as a player. If we do that, there's not doubt that we're going to make tremendous progress in this Spring, which will certainly allow us to take another step forward to our ultimate goal: winning the fucking Ivy League Championship in 2009.

Now, I understand using a cheap-shot to create emotions is not the most ethical method given that I really do considered all you guys my brothers. Most importantly, cheap-shots would not create a healthy competition among us while we're also in the midst of creating our own identity as a team. So, you'll not see that from me again. You can and should expect, however, a player who will bring all of his emotions to practice for the remainder of the spring ball. I understand early practices blow, and we all have many responsibilities and demands required of us. Fatigue and tiredness are expected, but we have the ability to control our emotions. Most of us play this game with great emotions, and honestly football field is a perfect avenue to release all of our emotions. If we do that, our efforts and energy will also increase, which will allow us to play at a higher level. Granted, I know this may not be true for everyone. But it does apply to most of us. Fire up the enthusiasm on Monday.

We're not freezing our dicks off like last year, and weather is once again predicted to be 50s on Monday. Full pads and 50s weather; man, it doesn't get better than this! I'm expecting the defense to come at me every play (as the way it should be), and I will fucking love every minute of it. We're going to come together as a team this spring, and the real thing starts on Monday. Only 9 practices left... Let's have some fun playing this game. Fire up the enthusiasm!

Have a safe weekend,

09

別人不看好你，你更要看好自己

比賽只剩四十秒。哈佛大學對布朗大學，比數31比21。勝利已經穩穩在我方手上。這時，教練下令：「Clifton Dawson下場，Cheng上場。」

克里夫頓（Clifton Dawson）當時是哈佛的第一先發跑鋒，我則是候補跑鋒。

教練為了避免克里夫頓意外受傷，換我上場，負責拖延時間結束比賽。這是比賽常見的戰略，必然勝利的一隊適時以候補球員替代先發球員，保護球隊主要戰力。

這是2006年，我大一參加的第二場長春藤聯盟比賽。

每一秒都不敷衍

長春藤聯盟成立於1954年，是由美國東北部八所百年大學組成的體育賽事聯盟，包括：布朗大學、哥倫比亞大學、康乃爾大學、達特茅斯學院、哈佛、賓州大學、普林斯頓大學、耶魯大學，這八所大學也被稱為長春藤聯盟學校。

每年9月，賽季來臨，我們這八所大學就好像八支軍隊同赴戰場，一決高下，贏者奪冠。每場比賽，大家都戰戰兢兢。

哈佛對布朗的比賽，打到第四節，時間剩下不到一分鐘，教練決定派我上場，任務是消耗時間，盡快結束比賽。

我其實很清楚自己的任務和教練的想法。沒想到，上場後，我帶著球卻被迫不斷出界，時間一直暫停。

依照美式足球的規則，如果在界內被撞倒，時間繼續倒數；如果出界，時間立刻暫停，不計入賽程。我一直出界，比賽就始終無法結束。

「Stay in bounds! Stay in bounds! Let the clock run!」教練不斷對我大吼，別再出界了，消耗時間就好！

我不是故意出界拖延比賽，而是真的被撞飛出去！但是，我也沒有敷衍在場上的每一秒，每一次持球，我都努力往前推進。

就這樣，出界、暫停、推進，又出界、暫停、推進……，教練發現，我居然推進了不少碼數。

或許是我的表現激發了教練的熱血，他決定改變戰略：「好，我們讓Cheng來得分！」

我聽了更是鬥志昂揚，最後，我也真的做到了。

四十秒內持球9次、跑陣56碼，最後觸地得分 —— 這是我大學生涯第一次觸地得分，為球隊再贏6分，加上達陣後踢球（field goal）得1分，最後比數是38比21，哈佛獲勝。

比賽結束，當初專門飛到喬治亞州招募我的教練杜爾迪，興奮地衝上來大喊：「Atta, Cheng!」他很高興自己沒有看錯人。

做為新生，那一年，我絕大多數時間都是候補球員，整個賽季大概只上場五、六次，而且都是在克里夫頓需要下場休息時，才換我上場。

中學時代，我一直擔任先發跑鋒，享受不少眾人注目的眼光；進入哈佛，失去先發光環，還好有克里夫頓這麼厲害的跑鋒可以做為我學習的榜樣，淡化了我失落的心情。而且，能上場打球就是好事，我始終沒有放棄努力。

跑鋒是美式足球的得分關鍵，但想要成功，難度也很高。

他不像四分衛，通常站在陣後，是其他隊員的重點保護對象；也不像接球員，通常站在比較接近得分區的位置……，負責持球跑陣進攻、觸地達陣得分的跑鋒，是全隊面對最多衝撞的人之一。

當站位擺開，只要觀察進攻隊伍哪裡站的人比較多，防守方就知道跑鋒要往哪個方向衝，他們立刻往那個地方重點防守。敵隊十一個人都想把你幹掉！

美式足球是一種允許廝殺的運動，如果你在球場上把對方幹掉或殺死，是不會被判刑的。擔任跑鋒的球員，幾乎都是身材魁梧的黑人，唯獨我，身高179公分、體重不到80公斤，這樣的身材，放在球隊裡，並不算高大。

當先天條件不如人，想贏，首先要拚的就是心態和態度。

十一年級時，我剛從十字韌帶受傷復原。可以參賽，但是必須穿戴訂製的護膝。

一開始，我總會擔心自己的十字韌帶是否夠強壯，能陪我打完比賽。每次上場或被撞倒，都有這樣的疑慮；而且人人都看得出來我是帶傷上陣，是最容易攻破的對象。可是，我告訴自己，不能

畏戰。

主動出擊是最好的防禦

就是這樣的狠勁，我復出的第一場球，就把對方的防守球員撞飛。之後有一場比賽也很有意思，當時敵隊接球員直衝得分區而來，我和五、六位隊友猛追，希望及時攔下他，可是對方速度很快，眼看隊友已經力不從心，但是我不放棄，終於在最後一碼前把對方撞飛，阻止敵隊得分。

克里夫頓也提醒我要保持狠勁：「Think of pass protection as a fistfight. You have got to deliver the first hit. Not taking the hit.」

美式足球場上，速度致勝。想贏，便要搶快，率先出擊才能阻擋對方球員的攻勢。

克里夫頓是哈佛美式足球隊的傳奇跑鋒，大一就成功持球248次、跑陣1,302碼、達陣得分17次，大二又持球跑陣超過1,000碼……，年年獲選為長春藤聯盟一軍（First-team All-Ivy League），是當時聯盟史上唯一一人。

他的個性沉靜，在球隊裡不太說話，也很少搭理大二、大一的隊員，但是他常指導我。

在許多次對陣中，我也理解到，保持進攻的心態才是最好的保護。英語中有一句諺語：「Be the hammer, not the nail.」做人當為槌頭，而非被槌頭捶的釘子，就是這個道理。

除了強化意志力，我也不斷提升自己的體能。做為跑鋒，必須跑得快、敏捷度高，這是我的長處，我努力維持，並設法做到最好。5-10-5碼橫向折返跑的正式成績為3.98秒、非正式紀錄為3.83秒，從大一到大四一直是全隊第一名。

跑鋒需要爆發力，我仍有不足，努力藉著重量訓練來培養。幸而皇天不負苦心人，我的挺舉重量紀錄達到300磅、肌力指數（strength index）也攀上652，這兩項連同折返跑成績，在哈佛美式足球歷史牆上留下紀錄。

除此之外，我的臥推重量，從高中的135磅，快速增加到大學的335磅。

這些成長都是透過無數痠痛、受傷、犧牲的累積，而我也慢慢理解到，人必須經歷過這些才能夠變得更強大。

不放棄，就沒有人可以放棄你

2007年11月17日和耶魯的比賽，對哈佛來說，是一場經典的不放棄之戰。這一年，我大二。

這場雙雄爭霸，誰打贏，誰便拿下聯盟冠軍。但是，如果從歷史紀錄及現實條件來看，耶魯都占了上風。

回顧百多年來的兩校對峙，耶魯勝場多於哈佛，前一年哈佛便剛輸給耶魯。這一年，雖然兩所學校在長春藤聯盟中都是零敗績，但我們在非聯盟賽事中輸過兩場，若計算總積分，哈佛是60分，耶魯則是90分。

另外，比賽在耶魯的 Yale Bowl 體育館進行，他們擁有主場優勢，反之我們是客隊，也是第一次在這樣一個可以容納六萬人的大球場打球。

更關鍵的是，這一年，耶魯擁有一位十分厲害的跑鋒麥克勞德（Mike McLeod），他的平均跑陣碼數是174碼。而我們的主將四分衛歐哈根（Liam O'Hagan）受傷，傳奇跑鋒克里夫頓畢業，由我和學弟高登（Gino Gordon）兩個新手，輪番上場擔任跑鋒。

除了我們自己，誰都不認為哈佛有機會贏，但是，我們堅持全力以赴。

教練嚴陣以待，史無前例地向全隊宣告，這是難能可貴的機會：「我平常不會這樣子跟你們說，但我希望，這星期你們可以把球賽擺第一！」

I would not usually say this, but I hope you guys can put football first during this week.

抱持破釜沉舟的精神，包含我在內，不少隊員利用上課時間觀看敵軍過往比賽的影片，這也是第一次，大家到休息室不是打電玩，而是不斷進行戰術演練。

最後，哈佛以37比6贏耶魯，獲得壓倒性勝利！我則持球17次、跑陣63碼，還有一次達陣得分，成為我大學時代最好的表現之一，球隊也贏得那一年的長春藤聯盟美式足球冠軍。

透過運動，學到成功的要素

———————— 莫飛（Tim Murphy）‧哈佛大學美式足球隊總教練

在美式足球的世界，通常以美國球員居多。為什麼？因為美式足球就是美國人的運動；同樣，英式足球球員往往是一群歐洲小孩，高爾夫球則是亞裔學生嶄露頭角的場域，其中又以女性居多。

然而，凱成打破這樣的慣例 —— 很少亞洲小孩打美式足球，即使他從中學開始就在美國念書，也有許多朋友在打美式足球。

過去三十年，我在美式足球一級學校中，招募過不下千位學生運動員，聘用過五十至八十位教練，其中還有三位後來成為 NFL 職業隊的總教練。單是擔任哈佛大學美式足球隊總教練，也有二十多年。

一般分析並招募學生運動員，我們會考慮學生的體能、比賽影片和成績單。但對我們來說，更重要的是，理解和判斷他們的品格和人格特質，這是無法測量的隱形技能。

我們尋找的是，具備優秀隱形技能的孩子，像是自我成就動機、積極正向的態度、願意努力付出和犧牲，最重要的是充滿韌性，當他們遭受挫折、不幸，會努力找到方法達成目標。這些技能，對他個人，以及所代表的社群、球隊、哈佛，都有長遠深重的影響。凱成，就是一個很棒的例子。

他剛到美國時，不會說英文，卻能進到長春藤聯盟，在一級大學的美式足球隊打球。促成這件事的原因，除了他的智力和運動能力，更是我們常講的執著（grit）。他具備強大的勇氣、心理韌性（mental toughness），以及克服逆境的能力。這樣的孩子，正是我們需要的。他們的意志和信念超越了一切，他們想要成功的意志超越了這一切。

凱成的激情、熱情和品格，令我們為之心儀。當初，我們並不知道他會是多麼好的美式足球員，但他之後的表現卻異常出色。

我們知道，這個孩子很特別，尤其是他的生命是有所追尋的，我們知道他會善用哈佛提供的教育和環境。他有一種令人難以置信的魅力，他十分執著，還有堅強的韌性、強大的復原能力，以及高度的動力。毫無疑問，他會設法發揮全部的潛力。

在學業上，他做到了這一點；在美式足球上，他也做到了，從他與理海大學對戰時的精采便可以看見。

所以，我認為，運動能夠帶給一個人的影響，遠遠大於其他正規教育。

如果仔細探索教育與運動的歷史，不難發現，聰明未必與成功劃上等號，因為聰明的人未必具備邁向成功的要素。

基因決定一個人的天賦與智力，但是透過運動，你將培養成功的必備要素，例如：學會團隊合作、學會克服困境、變得獨立自主。成功必備的品格和特質，生物課、數學課、電腦課、化學課……，是無法教給你的。

美式足球生涯再精采，也有結束的一天。可貴的是，在離開球場之後，依舊保有幫助別人的心，在不同領域服務人群，讓世界變得更好。這也是凱成正在做的事。

10

查爾斯河畔的抉擇

哈佛大學位於波士頓，是全美歷史最悠久的高等教育學府。它有兩個校區：校本部，是上課與研究的中心，占地85公頃，綠樹蔥鬱、景色怡人；大多數的體育設施和商學院則位在波士頓西邊的另一個校區，占地145公頃，幅員更加遼闊。

兩個校區之間，由一座名為約翰韋特的行人天橋連結。橋下，是一條長達192公里的查爾斯河。河水清澈平靜，河畔景色優美，有「散步者天堂」的美譽。每年10月底，世界划船比賽就在這條河上舉行。

分身有術，兩種角色都要兼顧

查爾斯河像一道界線，區隔了兩個天地。我的大學生活，就透過跨越邊界而移動互換 —— 每天，下午兩點之前，在本部上課；兩點以後，離開靜態的學習校區，跨過邊界，前往動態的運動世界。

在運動的天地裡，陪伴我們的是各種舉重道具或跑步設備，經常一待就是四小時。這四小時裡，我們的腦中只有一個念頭：Get better！訓練，訓練，再訓練，而且要全力以赴做到最好。

譬如，同樣是在指定時間裡做十次伏地挺身，可以用胸部離地、手臂直上直下的標準姿勢完成，也可以胸部貼地、手臂彎曲，只做半下。我，一定選擇前者。就像教練經常告誡我們的：你必須極大化你的時間。當你專注在目標，就能將時間效能極大化。

六點鐘以後，跨過橋，回到校本部，又重啟一般學生生活。到了那時，和女孩子約會、到酒吧參加派對，或者去圖書館趕報告、回宿舍蒙頭大睡……，隨你高興。

學生運動員同時具有兩種角色與責任。做為美式足球員，我們一星期要花四十小時練球；做為學生，我們一點特權也沒有，上課時數、作業成果、考試成績⋯⋯，和其他學生一樣沉重。

在美國，一般正職員工每週工時約四十二小時，換算起來，每個學生運動員等於做了兩份全職工作。

一次專注一件事

一個人的時間、精力有限，如何兼顧學業與球隊？

「跨過橋，就不要再想功課的事，也不要想今天晚上要做什麼。接下來的四小時，你們只要專注做好一件事，就是徹底做到我給你們的每個指令，確實做到我要你們做的每一個動作！」教練不斷提醒我們：「就算洗澡、喝水，也要專注地洗澡、喝水，其他事情都不要想。專注在當下。」

約翰韋特橋就像是學業與運動的分隔線，運動以外的事情，都等過了六點鐘、跨過橋以後，再去煩惱。

即使面對緊張高壓的賽季，專注，同樣是最高準則。

大學的美式足球比賽，一年是十場。每當我們打完一場比賽，教練會激勵我們：「One down.」完成一場比賽了。

即使接下來還要面對九場賽事，他也不會說：「Nine to go.」還有九場，他永遠只會說：「One to go!」還有一場比賽！

教練在教育我們，每個時間點只專注一件事、只關注下一場比賽，並且把它做到最好。一個球員，如果整天想著還有九場、八場賽事，只會平白無故加重自己的心理負擔：哇賽，怎麼還有那麼多比賽！你不再是一次打一場比賽，而是同時打九場比賽。

如果無法專注當下，不斷想著：還有什麼事沒做？時間不夠怎麼辦？結果一件事都做不好。可能有些人認為，同時處理幾件事才有效率，但在運動訓練中，我領悟到的卻是：心無旁騖才能把事情做好。

賈伯斯有一句名言：「不要看你還有多少事得做，只要關注下一步需要做什麼。」我相信，這是他成功的關鍵。因為即使你有一百件事，你也只能專注一件事；如果你有一百場比賽，你也只能專注在一個動作、一回攻防、一場比賽。

聚焦最重要的事

專注當下可以發揮極大的力量，但首先必須做好目標管理，然後分配相對的時間，才不會努力錯方向。進入美國數一數二的大學，第一個浮現我腦中的念頭是：大學四年，我想怎麼度過？希望得到什麼？要實現這些願望，需要面對和克服哪些挑戰？

我開始思考，想要的是什麼：

一、順利畢業；
二、有美好的體驗；
三、交到很多好朋友；
四、了解自己，讓自己變得更好。

有了清單，我開始抉擇：學業成績拿到高分，是最重要的事嗎？還是保留時間，去做自己更想做的事？若想在哈佛拿到 A 以上的好成績，我必須花更多時間投入在課本上，但我的想法是，學業成績不必拿第一，只要理解內容就好。

哈佛的學生，不少人選擇畢業後當醫師或律師，但我志不在此；我寧可保留時間，用來認識更多朋友，投入更多時間在球隊訓練、參加更多社團，找到自己的興趣。這樣，我才有機會真正吸收跟體驗哈佛豐富的資源和價值。

最寶貴的學習

美式足球的頭盔，除了保護球員，因為不同角色所需要的功能，頭盔前方保護臉部的欄槓設計也有不同。

四分衛負責傳遞戰略、丟球、傳球，必須掌握所有隊友與敵隊球員的位置，因此頭盔護欄較少，臉上露出的部位也多，才能眼觀四面；踢球員必須放眼遠方的球門，視野也必須遼闊。

跑鋒負責跑陣得分，敵隊會用盡各種方法阻擋你前進：抓住你的頭盔把你甩開、直接伸手進去抓你的臉……，因此，頭盔前方的欄槓較多，幾乎只露出眼部周遭。所以，當我戴上跑鋒頭盔時，我看不到誰在移位、誰向我撲來或對我拉扯，我所能看到的，就是正前方。

也許長期擔任這個角色，習慣了這個角色的要求，我的人生，不論打球或工作，習慣也喜歡專注目標、專注當下。做好時間管理，專注做好你正在做的事，是我在大學學到最寶貴的事。

11

學習如何學習

哈佛大學每學期正式上課前,有一週「購物期」。

這期間,每個學生可以到各個教室旁聽,了解教授的課程內容、教學方式,再決定要不要選修這門課。教授也知道,學生正對他們的課程品頭論足,於是使出渾身解數,讓自己的課程豐富有趣,吸引學生選課。

做為舉世聞名的高等學府,哈佛的進入門檻很高,但入學之後,校內有許多資源可供運用,除非完全不想努力,否則想順利畢業不太困難。甚至,你不想畢業,必須非常努力嘗試。

要遭到哈佛退學,只有兩件事:打架跟作弊。前者代表的是缺乏與群體共處的能力 —— 除非是在球場上打架;至於後者,代表的是欺騙,無法為校方接受。這兩件事都關係到品格,也是長春藤聯盟學校十分注重的項目。

不過,如果想進一步兼顧課業與運動,如何選課就很關鍵。

亞洲女生 VS. 深灰帽 T

我們運動員學生要選課,除了看教授的風評,還有兩個祕訣。

首先,如果那堂課有很多亞洲女生,我們馬上掉頭就走。能進入哈佛的亞洲女生,通常聰明又用功,她們會把這堂課的平均分數拉高,競爭強度加大,因此敬謝不敏。

其次,有沒有很多穿著深灰色帽 T、灰色運動褲的學生。如果放眼望去,課堂上多數學生都是這種打扮,我們就會把這門課列為

首選。

這套服裝，是哈佛發給全校運動員的「標準配備」，而且他們會穿去上課，因為運動員通常早上五、六點開始訓練，吃完早餐就趕去集合，訓練結束又直接奔赴教室，根本沒時間換衣服，即使女性運動員也不例外。

運動員多的課堂，代表兩件事：第一，大部分同學願意分享、合作，因為他們理解彼此的痛處，就是沒有太多時間準備功課；第二，這門課比較簡單。

不過，即使判別標準這麼清楚，大一那年，我還是收到警告信。

沿用時間管理概念

哈佛大學有個慣例，就是教授通常會在學期中，讓學生知道自己目前的成績，而不是等到學期末才公布。我們一學期要修四門課，如果有兩門課不及格，就會收到學校寄來的警告信。

我因為挑戰心太過旺盛，所有感興趣的課程，古典音樂、心理學、經濟學……，全部修了！我想多嘗試，搞不好有些原本不感興趣的項目，因為修課而「被迫」深入了解，反倒產生興趣。到了期末，果真有幾科不及格。

哈佛的考試，全部都是申論題，如果沒有充分理解內容，只能交白卷。問題是，每個課程往往要讀三十篇文章，一篇文章動輒六、七十頁，但我的閱讀速度只有別人的一半，若還要一頁一頁讀完、理解全部內容，我絕對做不到。

怎麼辦？我重新回到初衷，釐清自己的目標和限制。

我很清楚，自己對於課業的要求是掌握關鍵知識，更重要的是，我想在大學交更多朋友、建立更好的人脈、找到自己的興趣，而非科科都拿「A」。

何況，我每週就要花四十小時練習美式足球；到了賽季，如果週六有比賽，連週五也難以安心寫作業……

如何在有限時間內完成目標？我發現，從運動中領悟到的時間管理概念，也可以運用在課業上。

善用群體力量

我會遇到這個問題，其他同學也可能遇到，可不可以集結大家的力量，一起解決問題？我從這個角度思考，想起曾經看別人使用的讀書手冊（organize study guides），也許可以拿來解決大家共同的難處。

第二天上課，我先詢問一些同學並蒐集他們的E-Mail：

「這堂課要讀的文章太多，負荷過重，不如我們一個人負責讀一篇，摘錄文章概要和重點，再分享給全班。這樣好嗎？」

那是一堂有六十個人選修的課，我的辦法得到極大迴響，所有人都贊成。

回宿舍後，我開始分配工作。

先擬出名單，決定由哪個人讀哪篇文章，並指定繳交報告的時間；接著，發出一封很長的E-Mail給大家，讓每個人知道自己的責任範圍，也提醒大家，如果遲交或不交會辜負其餘五十九個人的期待。最後，我只負責組織，根本不必閱讀。

這堂課的閱讀工作竟然在一週內完成了！

緊接著，我整合三十篇文章的內容並加以分類，附上負責同學的姓名與聯絡方式，發給大家。資訊透明公開，誰讀了哪一篇、內容整理得如何，一清二楚，如果覺得哪篇摘要沒做好或有遺漏，可以直接找負責的人。

全班合作的成績太好，名聲遠揚，連收到消息的學弟、學妹都還有人想跟我買這份讀書手冊。

更出乎意料的是，一學期的讀書手冊不算什麼，美式足球隊還有自己的「傳家寶典」。

美式足球隊有一份世代流傳的寶典，內容包羅萬象，可以說是前輩們多年來的經驗傳承，例如：選課指引，列出所有哈佛最簡單易過的選修與必修科目，告訴大家前人多半會如何選課。

找對做事的方法

然而，我的問題並非出在選錯課。

在哈佛，不管哪種科目，都要求學生寫很多報告。藉著寫報告，可以訓練學生蒐集並組織大量資訊，轉化成有系統、有邏輯的方

式表達。我大一那年不及格的幾個科目，其中之一就是寫作，而我的成績爛到連朋友都懷疑我：「你到底怎麼進哈佛的？」還好，同學告訴我，可以向學校求助。

還有這種事？我喜出望外地提出申請。

學校希望培養我們的寫作能力，而不是懲罰我們缺乏這樣的能力，因此提供相應的解決辦法。

這是一項校方早有規範的付費服務，協助在課業上遭遇困難的學生度過難關。我只需要支付五、六美元，就有人教我如何寫作，我也順利過關了。

經濟學的課程有很多主題研究，學生必須針對老師丟出的問題提供解決方案。通常，我無法自行完成，因此也會向同學或學校提供的導師求助。

解決問題的能力才是一生的價值

我還記得，參加哈佛面試時，主考官問了幾個問題：「你曾遭遇過什麼重大的困難？你如何面對和克服？之後，你不一樣了嗎？」

這所全美數一數二的大學，分數是基本門檻，但除此之外，他們更看重進入這所學校的學生，是否有分數之外的特長，以及面對問題的態度和解決問題的能力。

反映在大學生活中也一樣。學習很重要，但更重要的是，學習怎麼學習，也就是當我想做某件事時，必須知道如何找到需要的知

識或資源。

剛到美國的時候，我花了一段時間適應美式食物與文化；在克服起初的不適應之後，我反倒變得很容易融入不同群體，不管和黑人、白人、黃種人，都能做朋友；後來，連課業問題，我也找到解決之道……

即使離開校園這麼多年，也沒有教授講課，如果現在我要學習任何課程，也有無數方法，上哈佛網站、找教科書自學都可以。知識、資訊永遠都在，但怎麼找到這些資訊，就是要學習怎麼學習。

能夠有這樣的領悟，我覺得，一切要歸功於運動讓我學會相信自己。從受傷、復健到重返球場，從日常訓練到上場比賽，讓我有勇氣相信，如果那些挑戰極限的經驗都能克服，還有什麼是我做不到的？

運動讓我變得更有自信，也更有動機與熱誠去嘗試許多曾經自以為無法做到的事。

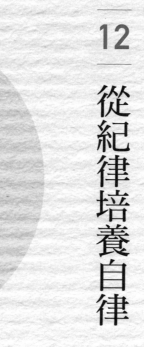

12

從紀律培養自律

每天清晨六點三十分，美式足球隊的訓練準時開始。

不管前一晚多累，我們五點鐘就得跳出被窩，趕緊洗漱，衝出宿舍。這時候，其他舍友或是正鼾聲大作，或是剛結束前一晚的派對悄悄溜進門。

到了冬天，起床的考驗更大。這個季節，波士頓的溫度經常處於攝氏零下四、五度。室內有暖氣，感覺不到冷，屋外寒風卻是刺骨，要打開門，往往需要先吸口氣，才有勇氣伸出手。

愈困難的事愈要做

這種情況，教練心知肚明，但他對我們說：

「冬天那麼冷，球隊為什麼要求大家五點起床、六點訓練？」

沒有人講話。

他看著大家，堅定地說：「因為困難，我們才要做。只有當處境艱難，我們才會強大。只有通過險阻的考驗，你才可能更強壯、更強悍。」

The reason we do early morning practice is because it is hard!

Only when it's hard, then we'll become tough. You only become stronger and tougher through difficulties.

當時我常常覺得，一天的開始不是今天清晨，而是昨天晚上。為了完成一天中第一個也是最困難的挑戰——早上五點鐘起床，前

一天晚上，無論多捨不得睡、多難以入眠，我都得要求自己立刻放下，按時在晚上十二點之前上床，才能保有足夠的體力。

雖然很辛苦，但我也體會到，早起集訓不只是為了提升體能，同時也在鍛鍊我們的心智和毅力。

日復一日，球隊透過各種紀律，讓我們從鬆散隨興的學生蛻變為自我負責的運動員。其中，早睡早起是必須的，準時則是最基本的日常守則。

準時是最基本的要求

莫飛總教練常說：「Being on time is already late.」

準時其實已經遲到了，因為無論練球或開會，教練通常會提早十五分鐘開始。

長此以往，我們都學習到準時的重要，甚至還要提早十五分鐘，因為，要讓上百個年輕躁動的球員做到準時一致，經驗老到的教練有各種雷霆手段，五花八門，讓人不敢輕易領教。

曾經有位隊友，早上起床太晚，錯過集合時間，居然從二樓跳下去，把腳弄傷，躲避懲罰。

某次集訓，我的隊友詹姆斯遲到，訓練結束後，教練把他叫過去，要他拿著兩個45磅重的槓片，跟著教練上車。

「去哪裡？」詹姆斯緊張得要命。

「你別管，上車就對了！」教練說完，便開車把他載走。

車開到很遠的地方後，教練要詹姆斯拿著那兩個槓片下車，「詹姆斯，我跟你比賽。我現在開車回訓練中心，你拿著這兩個槓片回去，如果你比我晚到，你就完蛋了！」

詹姆斯腳一落地，教練便說：「你準備好了嗎？Go！」

沒有其他選擇，詹姆斯只好拿著兩個45磅的槓片，一路跑回訓練中心。

事後大家知道，教練讓我們記得準時的方式如此「變態」，都更加警惕。不過，並非每個人都會記住發生在別人身上的教訓。

不上場也要守時

長春藤聯盟的比賽，各個學校都有機會成為主場，球隊經常搭乘巴士前往不同學校參賽。長達五、六小時的路程，每隔一、兩小時，教練就會讓我們下車上廁所、休息。

隊友麥克（Mike Clarke），平常就經常少根筋而被教練罵，受罰也司空見慣。某一次，當他從休息站出來，車子已經發動，正準備離開。

其他人在巴士上，看見麥克跑過來，只差幾步了，等他一下吧？但想到教練平日的作風，於是司機問：「要等他來再開車嗎？」

No, keep going!

教練面無表情地搖搖頭，食指用力往前指，出發！

大家眼睜睜看著麥克在車後狂追，全部笑翻了，但沒有人敢幫他求情，因為我們都知道，教練對於遲到的懲罰向來嚴厲到變態。最後，麥克是搭上防守組的巴士，才順利抵達飯店跟大家集合。

從外在管理到自我管理

訓練要準時開始、車子要準時出發，沒有辦法等人，每個人只能選擇要不要改變自己，努力跟上。也有人抱怨教練不近人情、太過嚴苛，可是，為什麼有人做得到，有人做不到？

團隊紀律就是一條清楚的界線，讓隊員反思自己的行為和心態，然後由外而內，逼著每個人學習自我管理。

日復一日的球隊訓練，每個下午的影片檢討，也是學習自我管理的好例子。

美式足球隊很重視看影片，每位球員的所有訓練過程，都請專人錄影，還有專業團隊負責剪接。每天下午練球前，全隊要先聚集在一起，花一小時看每個人前一天下午的訓練影片。有時，看影片和開會檢討的時間甚至比球場上的訓練時間更多。

透過影片，可以看見很多難以想像的畫面。

譬如，戰術要跑鋒往右跑，但明明左邊沒有人防守，為什麼不立刻改變方向？某個敵隊的防守球員已經有人阻擋，為什麼還衝上去，重複阻擋？結束的哨音還沒響起，為什麼沒有保持待命，而

是在場邊慢走？隊友得分，為什麼沒有上前熱情慶祝？

看到某個動作的缺點、錯誤或不盡心，教練會直接點評，隊友也會起鬨取笑，但更重要的是，刺激每個人思考：那個時候，你在想什麼？為什麼做那樣的決定？

為了加強我們的印象，有時只有三、四秒的畫面，會重複看上三十遍，讓你想忘都忘不了，並且體認到：是的，我不能再這樣做了！

這樣的檢討，每天進行，全體隊員無一例外，你所做的每個動作、每個決定，都會被記錄、檢視，然後持續矯正、調整，直到完美為止。

學會負責，始終保持最佳狀態

要成為一個好球員，除了精進球技，還要讓自己保持在最佳狀態，因此不僅要接受嚴格的訓練，生活之中也不能放縱。

賽季時，大學的球賽在週六開打，每週四練球結束，球員都會在休息室開內部會議。這時，隊長總會一再叮囑我們，週一到週四大家已經做了充實的準備，千萬別在最後一天搞砸：「不要出去喝酒狂歡！不要出去惹麻煩！」

我沒有喝酒，但中學時的某個賽季，我曾經害自己差點不能上場。

那時，我和朋友去騎腳踏車，有點愛現，騎得很快，一不小心竟然整個翻車。我想用手撐住，結果右手掌從水泥地擦過去，削掉

一大片皮膚。

我很害怕。週五就要比賽了，我是先發球員，如果教練知道我把自己搞傷了，一定很生氣，會責備我沒有照顧好自己。去訓練之前，我就開始絞盡腦汁，因為，一定要想出一個好說法，不然就完蛋了！

果然，進了休息室，助理教練瞪著我：「What did you do, Cheng?」他很不解，我到底怎麼把自己搞成這付德性？

我告訴他：「我騎腳踏車。」

他感到不可置信：「騎腳踏車怎麼會摔成這樣？」

我厚著臉皮說：「我被哥吉拉追殺。」

他大笑，去跟總教練報告。後來，整個團隊都在大笑。

被我這樣胡說一通，教練雖然還是生氣，卻也只能搖頭嘆氣了。還好，後來我纏著繃帶上場，總算沒有拖累球隊。

先發球員受傷，影響的不只是自己的上場機會，也會拖累隊友、影響球隊的競爭力。那時候我還不了解這件事的嚴重性，如果是大學或現在，我絕對不會冒任何一絲風險。

節制生活，夢想才能超越極限

在飲食上，運動員也必須懂得自我節制。

小學時，我常吃麥當勞、喝可樂，但是油炸食物和碳酸飲料會讓人虛胖，不適合運動員。

為了符合球隊的要求，我必須改變飲食習慣，但要放棄自己喜歡的食物，實在充滿挑戰。

後來我改變思路，不再總想著自己喜歡卻不適合的食物，轉而去看那些我喜歡吃、能夠吃的食物。

一個人若總想著那些愛而不得的東西，會覺得很辛苦；如果可以轉念，想著「我還能享受很多食物」，心情變好了，少吃某些美食就不再是件苦差事了。

每場比賽都要精采

我希望自己一天比一天更好，每場球賽都有出色的表現，而不是只有一天或一場比賽的精采。

哈佛出戰布朗大學，我候補上場，意外建功；與聖十字學院一役中，推進116碼，達陣1次；與康乃爾大學對戰，瓦解敵方防守，順利達陣；對上普林斯頓大學，穿梭於防守陣營之間，推進174碼，第三節開節達陣1次，讓哈佛以20比10居於領先；面對達特茅斯大學，推進114碼；迎戰哥倫比亞大學，推進119碼，2次達陣；對抗賓州大學，第四節推進20碼抵底線區達陣；與耶魯大學爭冠時，1碼推進達陣，讓哈佛以20比0領先……

這些成績，靠著溫暖舒適、遲到早退、得過且過或油炸食物、碳酸飲料……，絕對不可能做到。

能夠創造佳績，我相信是因為紀律。唯有紀律能聚集一個人的所
有精力，實現夢想。

13

冷板凳的價值

大三開賽前的訓練，這一天，我跟往常一樣，穿好裝備，和所有球員列隊排好，做熱身運動。我習慣性站在隊伍第一排。依照慣例，第一排是先發球員，第二排是二輪候補，以此類推。

這時，莫飛總教練走過來，突然對我說：「Cheng, get back in the line.」教練要我退後，站到第二排。

我當場愣住。為什麼？

大二那年，我擔任先發跑鋒，和隊友創下佳績，讓球隊拿到長春藤聯盟冠軍。莫飛總教練怎麼可以這樣對我？

教練沒有解釋。

我變得沉默，很少搭理其他跑鋒隊友，連帶著對新接手的跑鋒教練也很不滿，他不曾擔任跑鋒憑什麼當跑鋒教練？

賽季即將開始前，又聽說有個學弟將替補我的位置上場，我更是憤怒：我犧牲那麼多、受過這麼多傷，球隊才得到長春藤聯盟的冠軍，那個人憑什麼取代我！

在我眼中，他們全都是敵人，是他們害我不能先發上場。但是，我心底也存著一絲企望：會不會是教練跟我玩心理戰，以退為進激勵我？

看見一輩子的好朋友

在學校，林書豪帶頭成立一個基督徒小組，我們常常分享彼此的

經驗。有一天，我正要去練球時，看到他寄來的電子郵件。

這是一封很長的信件，他鼓勵我保守自己的心：

當你在運動中帶著正確的態度，神將祝福你。我知道你正經歷患難與艱苦，但我希望你的心靈和心態放在正確的地方，尤其在接下來這場比賽之前；希望你完全相信神，順服並將接下來這場比賽交給神，因為唯有祂，真正掌控全局。

God blesses you the most when you have the right attitude in sports. I know you're going through a tough time with all the crap going on, but I wanted to make sure you have your mind in the right place heading into the game. Make sure to trust in God and surrender your football game to Him because He is in control.

他想告訴我的是，在苦難中也要保持歡喜和盼望。這份用心感動了我，我默默告訴自己：這個朋友我要交一輩子！

不過，教練彷彿忘了我。

我站在場邊，看著場上的十一位隊友奔跑衝撞，開始感到恐慌：如果再不能為球隊衝鋒陷陣，我還有什麼價值？

要不要退出球隊？！

我向克里夫頓吐露心事。這時候，他已經加入NFL旗下的職業球隊，擔任印第安小馬隊（Indianapolis Colts）跑鋒。

克里夫頓勸阻了我。他提醒我保持冷靜，不要一時衝動做出讓自己後悔的事。相信教練，思考自己該怎麼做，一定可以重新擔任先發球員。

壞事是最好的學習

冷靜之後，我開始有不同的領悟，教練並不是刻意給我難堪，而是因為對球隊負責而必須做出取捨。

運動是十分單純而實際的事，教練不會管你的家庭背景、你的膚色、你的人脈，在球場上，比的就是誰跑得快、跳得高、耐力強……，能為球隊做出最有價值的貢獻，才是關鍵。

回想自己的表現，我發現，我雖然爆發力強，但是容易受傷。

大二第一場比賽，哈佛大學對聖十字學院，我跑陣推進116碼，達陣得分1次。雖然表現不錯，卻也受了傷。一週後，我們與布朗大學對打，身為先發跑鋒的我，腿卻腫到無法彎曲，整整在醫護室待了五天。

結果，那場比賽我持球10次、跑陣19碼，球隊也以2分之差輸給對手。這次之後，教練開始頻繁採用傳球得分的戰術，不敢放手讓我跑陣。

一個經常受傷的運動員，教練當然擔心他的穩定性。就像管理企業一樣，每個老闆都希望員工的表現一致而且可靠。

就像教練經常提醒我們的：再強的團隊也敵不過最弱的一環。只

要有一個人經常犯錯，團隊的水準就會降到那個人的水準。

把抱怨的時間拿來練習

是時候停止抱怨了！

我想起以前訓練時，如果有人抱怨天氣太熱，教練會覺得你在說髒話；如果有人抱怨太累，教練不會喊停，而是繼續練，直到大家累到再也不知道什麼叫累為止。

就像我當初常掉球時，儘管很訝異教練的責備與要求，但從來不曾抱怨。

我相信，如果我說：「是負責阻擋的隊友沒有阻擋好，害我掉球！」教練一定會大罵：「是你拿球還是阻擋者拿球？是你掉球還是他掉球？」

毫無疑問，拿球的是我，掉球的也是我，教練要罵的當然是我！如果我什麼都不做，只是一味抱怨，無法幫助球隊贏球，教練也不會接受。我掉球就是我自己的問題，因為如果我拿球夠穩、閃躲夠敏捷，別人無論如何都影響不了我。

已經存在的問題，不會因為抱怨而消失，直到你以行動解決。

賽季開始後，學校校刊一直很關注美式足球的賽績，知道我被換下來，記者不斷為我聲援。不過，教練不為所動。

第三場，哈佛與拉法葉學院對戰，先發球員家裡有事無法上場，

教練終於讓我擔任先發。我在隊友掩護下穿梭場中，在哈佛首次進攻時達陣，以7比3領先，最終全場共跑陣108碼，還曾經有一檔球，相對於一般能跑3至5碼就算不錯了，我卻跑出了51碼，結果哈佛以27比13獲勝。

在這場比賽中，我做到沉穩接球和持球，對攻勢有很大助力。當時，總教練肯定了我的表現：「你真是個不可思議的競爭者。今天，當我們迫切需要你的時候，你幫了個大忙，希望接下來的賽季你都能這麼做。」

之後和康乃爾大學比賽，我達陣得分；交戰達特茅斯大學，我持球2次、跑陣20碼。

這些實際表現，讓我漸漸從候補第四順位、第三順位，力拚到第二順位、第一順位。

不是只有達陣得分的人才是英雄

球場上響起的掌聲與歡呼，令人心馳神往。但是站在場邊的日子，我彷彿才真正認識球賽，看到完整的球隊。

球賽是組織性運動，爭的是團隊榮耀，而非個人光環，因此每個人都要扮演好自己的角色，每個位子都會有先發、替補、第三順位、第四順位⋯⋯，每個人都是團隊的一份子，但不是每個人都要達陣得分，角色不一樣不代表沒有價值。

在美式足球中，還有很多角色不會被鎂光燈照見，卻是贏球的關鍵人物。

譬如全衛（fullback），衝撞力夠、爆發力強，但是他要在前面清除阻擋、為跑鋒開路；譬如線鋒（offensive lineman），他們忍受疼痛苦練、可以撐起400磅的重量，但是永遠為四分衛、跑鋒賣命，保護他們順利得分。

全衛與線鋒是球隊真正的支柱，如果沒有他們，四分衛很容易受傷、跑鋒無法往前衝，但是，鎂光燈卻始終落在四分衛和跑鋒的身上。

即使他們知道自己不會被看見，但是，當我負責持球跑陣時，全部人還是看著我，告訴我：

「Cheng，球就是給你了。」

「跟著我，我會幫你阻擋，為你開出一條路。」

「就是跟著我們的屁股，我們會帶你達陣得分。」

這就是團隊。哨聲一響，大家就奉獻自己的全部力量，完成共同的使命，追求更高的榮譽。

還有一些從未上場卻始終堅持的隊友，更令我感動。

我是領運動獎學金進哈佛的，在這之前，已經擁有多年的經驗和鍛鍊。但有些隊友是進大學後才決定加入球隊，他們通常身材瘦小，一看就知道是會被慘電的那種人，他們卻選擇和我們一起參與這麼辛苦的訓練，不是為了成為先發球員，而是想成為球隊的一員。

透過他們，我更深刻體會到團隊精神與運動的意義。

與過去的自己一起前進

我沒有機會接受隆巴迪的指導，但他如同我的心靈導師，引領著我的運動之路。

運動教我們懂得團隊合作，在團隊中應該如何扮演好自己的角色；運動，也教我們懂得如何以正確的心態面對成功與失敗，以及如何領導他人和被他人領導。

Sport is an education in teamwork. It teaches failure and it teaches success. It teaches roles. It teachers leadership and it teaches servitude.

當我擔任先發球員時，球隊勝負的光榮幾乎等同我的光榮；但是，即使某一天，那個光環不在我身上，我還是團隊的一部分。我必須學習成為更好的隊友，用其他方式幫助團隊成長。我有責任以身作則，傳遞這樣的精神給學弟。

從一開始的憤怒、懷疑、驚慌到接受現實，現在回想起來，這次替補，其實是我人生的最好經驗。

用熱情和忠誠成就他人

———————— 林書豪・NBA球員

如果有人問我，會怎麼形容何凱成這個人，熱情（passion）、忠誠（loyalty）是最貼切的兩個詞。

凱成和我在哈佛大學住同一棟宿舍，相處的四年中，我看見這兩項特質在他身上完美融合，讓他成為一個有理想，並且願意犧牲自己、幫助他人的人。

他的熱情是全方位的，對於所做的每件事，總是全力以赴，在他身上，你很難看到得過且過的半調子行為；他的忠誠，展現在對周遭人、事、物的關懷，全心全意對待隊友、教練、球隊，如同對待家人般用心。

對於凱成，我有三天三夜說不完的故事。

我記得，曾經有人編造一些事件中傷我，我覺得謠言止於智者，不必理會；反倒是凱成比我還緊張，一聽到那些謠言，不僅沒有質疑我，還想立刻殺到對方宿舍門口，要求對方出面澄清。我阻止了他，因為哈佛對打架的處罰十分嚴厲。

後來那個人承認，自己一派胡言，事件無疾而終。到現在，我仍然不知道他為什麼想那麼做，但是從這件事，我看見凱成對我毫無保留的信賴和友誼。

在運動場上，更能發現凱成的特質。

大三那年，凱成變成候補球員，直到某一次隊友無法上場，才有

機會再度先發。

　　那一場，他跑陣108碼，還有一次觸地得分。我知道他為此付出了許多努力，儘管受到冷落也不曾放棄；當球隊需要他，馬上奮不顧身，為球隊貢獻自己的能力。

　　看到那一幕，我衷心為他感到驕傲。

　　大四那年，某一場比賽，凱成跑陣132碼，好幾次達陣得分，沒想到之後卻在練習中受傷，無法打完最後一個球季。這對他是很大的打擊，但他依舊在力所能及之處，持續對運動的熱愛。之後每一場比賽，他全副武裝在場邊為隊友吶喊助威。

　　凱成的心路歷程，我完全可以理解。如同許多大四運動員一般，如果不打算在畢業後加入職業隊，那就是他運動生涯的最後一年，只要有機會，每個人都想在運動場上打到最後一刻。而他不僅有這樣的想法，也確實做到了。

　　基於對運動和團隊的熱情、忠誠，即使美式足球賽季已經結束，凱成持續展現他的領導能力，組織啦啦隊，到籃球場替我打氣。

　　那個畫面，我一輩子難以忘記——當我在場中央為比賽拚搏，一個側身，看見的是凱成帶著好幾百人瘋狂地替我們加油吶喊。

　　直到現在，凱成仍有許多令我深受感動的作為。他關心教育，也抱持相同的熱情與忠誠，希望憑藉自己的親身經歷，為年輕世代的孩子，創造一個實現夢想的機會。

　　凱成為了他人、為了下一代，努力做對的事。這樣的無私付出、這樣的遼闊心胸，讓我萬分欽佩。我非常尊敬他，也很感激他傳遞給我這樣的感動。

　　一路走來，凱成努力克服困難，從未自暴自棄。從他的生長背景，到他前往美國、進入哈佛，再到如今創辦球學，他把握每一個機會做對的事。他的故事，激勵人心。

14

我們求有全力以赴的機會

中學時，有一場比賽是伊凡斯高中對上史帝芬生高中（Stephenson High School）。史帝芬生是喬治亞州美式足球排名第一的學校，招收了許多明星球員，像是五星級跑鋒藍普金（Kregg Lumpkin）、四星級線衛強生（Josh Johnson）……，許多人後來也都進入美式足球名校喬治亞大學就讀。他們的實力，很可怕！

我的印象很深刻，那天是10月31號，萬聖節。

這一天，家家戶戶掛上南瓜燈、骷髏、蝙蝠，小孩子則裝扮成各種鬼怪，一家掃過一家，按響鄰居的門鈴，大喊：「Trick or treat！」不給糖，就搗蛋！

沒想到，在球場上，我們也遇到一場Trick or treat。

一個晚上衝撞二十次

那天晚上和史帝芬生高中對陣時，教練下達戰術後，全衛跟我一起跑，他負責開路、阻擋，我負責持球跑陣。忽然間，我發現他不見了。我下意識抬頭，看到他在天上飛！1秒，2秒，「啪！」的一聲，他掉落在地上。緊跟著，我就被擒抱了。

原來是史帝芬生的線衛強生衝過來，我的全衛去擋他，就被撞飛了。我一直記得他在天空飄飛的一幕，以及那個壯碩的黑人走到他面前的挑釁：「Trick or treat, motherfucker!」

我那位全衛很害怕，一直說：「Ok! I'm sorry. I'm sorry.」我看著那場景，想要大笑但又心想：Oh my god! 這是什麼情況？

這位全衛是白人，後來因為背部有問題，跟教練說自己沒辦法再打了。教練也只是點點頭，就同意了。

這些殘忍的場景，在比賽中不斷發生。一場美式足球比賽，可能有70次甚至80次進攻機會。一個跑鋒，通常一場比賽可以持球20至30次，就代表有20至30次被撞的可能，這還不包含互相阻擋的時候。

當你遭受這麼多衝撞，你會發現自己的渺小。你會發現，你無法掌握輸贏、無法掌握成果，你不知道什麼時候誰會撞你、被撞了怎麼飛，以及哪個部位將受傷，你甚至不知道，這些是你控制不了的。

不求勝負，但求全力以赴

人能控制的非常有限，只有自己的心態和反應而已。

每次出賽前，我們全隊一百個球員，不管先發或候補，都會聚在一起禱告。我們單腳跪下，隊長大聲喊一句，其餘球員就跟著喊一句。我很喜歡其中一段禱告詞：

親愛的主，在這一生的戰役中，
我們求有公平的機會，
我們求有展現實力的機會，
我們求有全力以赴的機會。
如果我們應該贏，
那麼，讓一切都照著規則、堅持最高的信念與榮耀。
如果我們應該輸，

在贏家走過的路旁，讓我們依然意志高昂，
日復一日，我們愈來愈強，
直到我們不再被打敗，
直到我們無法被打敗。

這個禱告詞超棒的地方就是，它強調的是把握機會全力以赴，強調的是追求最好的自己，而不是成果或輸贏。

分數和輸贏很重要，因為那讓比賽有意義。但更重要的是，在離開球場那一刻，你要問自己的是，不管上場四十分鐘、二十分鐘或只是幾秒鐘，在你擁有的每一刻，你是否展現了最強的意志、發揮最大的潛力？

回顧每一刻，如果你都做到了，你就可以問心無愧，意志昂然地走出球場。你甚至應該慶幸自己可以展現實力並全力以赴，因為並非人人都能擁有這樣的機會。

讓每個人都有展現實力的機會

在亞洲，即使你有某種天賦，不一定能獲得家人、學校的支持；即使獲得他們的支持，社會也不見得願意提供舞台，讓不同天賦的人展現各自的才華，獲得應有的肯定與榮耀。

公平的機會、顯現實力的機會、全力以赴的機會，對他們來說，是遙遠的神話。

我甚至認為，如果祖克柏、賈伯斯、比爾·蓋茲生在亞洲，臉書、蘋果、微軟可能難以誕生。在亞洲社會，往往視那些想要創

新或展現不同意見的人是離經叛道。因為我們不喜歡有人搞亂秩序，所以創新非常困難。

我很感謝爸爸讓大姑姑帶我到美國，我因此擁有展現自己的舞台。在美國，你雖然一無所有，只要有實力、肯努力，通常就有好結果；有了好結果，就會帶來希望。

對我來說，每一個機會都非常珍貴，都值得全力以赴，我也的確獲得豐富的成果。

心靈的信仰決定身體的力量

我知道自己的爆發力很強，一百公尺、兩百公尺速度極快，曾經我也以為自己只能做到這樣。十字韌帶受傷之後，我放棄了一季的籃球賽季，選擇美式足球，也開始了不會對膝蓋造成太大負擔的田徑，而且是我從未嘗試過的四百公尺跑步。

一開始，我不懂得配速，照舊用跑百米的方式，一起步就拚盡全速，跑到三百公尺時立刻出現「撞牆」現象，手腳僵硬、眼前發白，幾乎要昏倒。

田徑隊經常到森林跑步，鍛鍊腿力和體能。當我筋疲力竭地隨著隊友在林中跑跳時，不斷在心裡告訴自己：我一定做得到！經過一段時間練習，我身體的潛能被激發了，做到從前自以為做不到的事，跑完四百公尺。

當我們全力以赴，你才會了解自己有多強大。不僅是我，許多運動員都一樣。

我記得某一次比賽，我們隊裡的四分衛克里斯（Chris Pizzotti），他丟球折斷了手，結果他只讓醫護人員用五分鐘把骨頭扳回去，就回到球場繼續廝殺，彷彿什麼事都沒發生；也有一位隊友麥特（Matt Curtis），他的腳還打著石膏，但他用單腳支撐，球照打、比賽照樣上場。

1954年之前，許多醫生、科學家都宣稱，以四分鐘完成一千六百公尺長跑是人體極限。然而，這一年，當英國籍的班尼斯特（Roger Bannister）於5月6日跑出3分59秒04的成績後，不到兩個月時間，澳洲籍的藍迪（John Landy）又跑出3分58秒，之後不斷有人刷新紀錄。

人類的極限是，你相信什麼，你就是什麼。我也是到大學才意識到，只要心靈相信，你的身體就會跟著你的信心一起超越，創造奇蹟。

超越勝負才能坦然面對

全美所有高中的美式足球比賽都在週五晚上七點三十分開打，這一刻，每個球場的燈光全開，奪目耀眼，所以也被稱為「Friday night lights」。

Friday night lights 愈盛大瘋狂，球員就愈緊張。真的就像上戰場一樣，你不知道會發生什麼事，尤其是跑鋒，你不知道撞擊會從哪個方向衝來，團隊的氣勢會怎麼變化，加上我之前常有抽筋的問題，它會不會又突然出現？

每個週四練完球，我會帶著自己的頭盔、護具、鞋子回家，一邊

聽著敬拜詩歌，一邊將裝備清洗乾淨、打理整齊。然後，睡覺前，我一定虔誠禱告。

我的禱告不是希望神讓我們球隊明天獲勝。我的禱告是：

明天應該得勝的球隊，讓他公平地得勝。如果是我們，那就是我們；如果不是我們，那就不是我們。

我的禱告也不是期望上帝讓我縱橫全場、出盡風頭，而是：

讓神的期望降臨。請神降臨這個球場，讓該贏球的隊伍獲得勝利、讓該表現的球員完全發揮。

在這段與神對話的時光中，我的內心逐漸平靜，也能坦然接受 —— 不管贏或輸、受傷或不受傷，都是過程，而每個人都必須經歷自己的過程。然後，我就能安然入睡，充滿力量迎接明天的挑戰。

在人生中，我也常提醒自己：享受並相信全部的過程。盡全力，即使輸也無所謂，因為我們會不斷變好、愈來愈強，直到我們無法再被打敗。

人生有贏有輸，只要保持這樣的運動家精神，永遠全力以赴，不停止追求最好的自己，日復一日，我們必然愈來愈強。

15 這一生，你選擇怎麼過？

有次在哈佛大學的課堂上，心理學教授出了一道選擇題，引發同學議論。直到現在，那個場景還深深烙印在我的腦海裡。

「如果有一天，你乘著某種機器來到一個新世界，在那個世界你能活到七十歲，但有兩種活法：第一種，前面六十年快樂，最後十年痛苦；第二種，前面六十年痛苦，最後十年快樂。你選擇哪一種？」

「先苦後甘」的價值觀

聽完教授的題目，原本安靜的課堂，頓時掀起熱烈討論。

「當然是第一種！」哈佛學生大多數選擇這個答案。

「第二種！」我篤定說。我願意六十年痛苦，最後十年快樂。我想先苦後甘。

我很訝異，為什麼大部分人選擇「先甘後苦」？但是仔細思考，似乎又可以理解他們的想法。

大部分的哈佛學生，可能以比例來思考，認為當然是快樂的時間愈長愈好；但我卻早就體會到，從快樂落入痛苦的心境，和從痛苦變成快樂的心境，兩者是天壤之別。

這時，教授開始分析：「如果你前段人生非常快樂，後面卻陷入痛苦，巨大的落差甚至會讓你感到絕望；相反地，如果你一開始處於痛苦，可是你知道後面將擁有更美好的人生，你會充滿盼望。有了盼望，不管遭遇什麼處境，都能保持樂觀。」

從這堂課我體認到，人生是一種選擇，而選擇沒有對錯，重要的是，必須知道自己要什麼。

在美國，高中生、大學生打工是很普遍的事，麥當勞、超市、快餐店等，時薪大約五、六美元，他們一邊賺零用錢，一邊體驗真實人生。我雖然領全額獎學金，但是也從大一開始打工。做了形形色色的工作，讓我更清楚自己這一生想要什麼。

大一暑假，我跟著從高中到大學的好友兼隊友巴克，響應哈佛的 Phillips Brooks House 暑期教學計畫，到麻薩諸塞州的羅克斯伯里（Roxbury），教當地小學生數學，也帶他們一起運動。

從哈佛到羅克斯伯里大約三十分鐘車程，在去之前，我從來沒想過，哈佛周遭居然有一個像貧民窟的地方。對我來說，羅克斯伯里是完全不同的世界：居民都是黑人與墨西哥人；孩子不僅家境貧困，生活中更充斥吸毒、性侵、家暴等亂象。然而我也明白，這些問題不是我們這些大一學生，用一個暑假就可以改變的。

我能做的有限，但至少可以陪伴孩子。我帶他們看我最喜歡的書《卡內基溝通與人際關係 —— 如何贏取友誼與影響他人》、看我很喜歡的電影《衝鋒陷陣》，可惜他們完全不感興趣。我沒幫到孩子什麼，反而從他們身上赤裸裸地看到社會殘酷的一面。

隨著大一暑假結束，我短暫的教師生涯告一段落。因為升上大二之後，我考到房地產仲介執照，暑假打工的選擇更多了。

球隊在暑假也有訓練，但不會強迫球員參加。留在學校接受訓練的人，莫飛總教練會幫忙安排打工。通常，最好的工作在金融

業，不僅薪水高，畢業後也有機會成為正式員工，但名額有限，多半是隊長或MVP才能獲得。

我在球隊表現不錯，因此教練也幫我介紹了一份富達投資（Fidelity Investment）的工作，但我拒絕了。

「我要去做房地產！」我告訴教練。房地產收入較高，而且時間自由，最重要的是，我不喜歡整天坐辦公室的工作，即使可以吹冷氣、邊看NetFlix邊做事，時薪就有二十至二十五美元。我覺得，在外面跑業務可以接觸更多人、學習更多溝通技巧，比較有意義。

一開始，教練很生氣。但是當我的房地產仲介業務愈做愈出色，兩個月賺到兩萬美元，連隊友也加入這個行列時，教練對我改觀了，他甚至認為，如果美式足球需要業務大使，沒有誰能比我更勝任。

或許正是這段經驗，讓我大四時為籃球隊四處交涉、賣門票，都能得心應手；甚至，大學畢業後，我選擇加入NFL，沒有留在華爾街工作，教練也不覺得意外了。

向客戶學溝通

波士頓一帶的房地產仲介工作競爭很激烈，想要維持高業績，必須下功夫。

首先，我們要準備房屋的基本資料，例如：照片、屋況描述，刊登在克雷格列表（Craigslist）之類的房地產廣告網站。通常房東會提供照片，除非是我們自行開發的物件，才需要另外拍照，但是

自己開發的物件成交時，可以拿到額外獎金。

最重要的當然是，留下我們的手機號碼和E-Mail，一旦有客戶詢問，我們必定在第一時間回覆，否則生意可能立刻被對手搶走。

客戶打電話來，可以先了解他的需求，再約時間看房子。不過，我的做法反過來，通常先約客戶見面，進一步了解他的需求，例如：想找哪個地點的房子？有什麼偏好？理想的價格範圍？打算租多久？有沒有養寵物？溝通清楚了，我再帶客戶看房子。

有時候，客戶不清楚自己真正想要什麼，面對面溝通，可以更快了解對方的想法。

我曾經一天接待十組客人，忙到午餐、晚餐都沒時間吃——這對必須保持紀律的運動員來說，十分不應該。不過，每天面對這麼多人，我對什麼是「好客戶」，也有一套自己的見解。

不少人覺得，交易金額高的就是好客戶，我卻覺得，清楚知道自己要什麼的，才是好客戶。不知道自己需求的客戶，我必須一而再、再而三提出方案，花費很多時間溝通；反之，知道自己需求的客戶，只要我針對他的條件提供適合的物件，即使超出對方預算，大多可以很快成交。

房地產仲介工作，我從大二持續做到大四，也學習到很多。我發現，工作要有進展，有時候見面所談比紙上所寫更重要，只要你敢跳脫原則、深入談判，往往有超乎預期的結果。

這些談判技巧，後來也運用在我創業時與學校的溝通，找出需

求、說服，最後做到了許多原本以為不可能的事。

工作雖忙，也沒荒廢練球

儘管仲介工作相當忙碌，但我把時間管理得很好，依舊每天一早就到球隊報到，從六點到八點的訓練，一次不曾錯過。

雖然每天行程滿檔，我還是游刃有餘，甚至到了畢業季的週末，校友會編派工作給球員時，我也去兼差當「宴會小弟」。

每年6月，哈佛會邀請校友返校參加校友會。我們學校的校友向心力很強，也是重要的贊助者，捐款額度曾經高居全美第一。

這樣一場盛宴，舉凡開車、倒酒、提行李、場地控制等，工作人員幾乎都是運動員，其中以酒吧服務生最受歡迎，因為小費最多。校友們喝了酒，又被服務得開心，興致一來，小費動輒一百美元，面不改色。

宴會中，很重要的是炒熱氣氛。某次校友會晚宴，現場搭了帳篷、播放輕快的音樂，我環顧四周，看有什麼需要幫忙的地方。遠遠地，我看見兩個很漂亮的女生走過來。

參加這場晚宴的來賓，都是畢業十多年的校友，這兩位當然也不例外。我想製造一些效果，讓她們留下深刻的印象，於是靈機一動，板起臉孔對她們說：「請出示身分證。」

她們完全沒想到，居然有人提出這樣的要求，滿臉詫異：「你在開玩笑嗎？」

我繼續裝嚴肅：「我要查看妳們的身分證。」

她們很不解，「為什麼？」

我說：「我不相信妳們有二十一歲。」

她們愣了一下，笑著說：「我們早就不只二十一歲了！」

我還故意嚇唬她們：「我不相信，快拿出妳們的身分證！」

果然，她們被我逗得很開心，邀請我到舞池一起跳舞。旁邊打工的夥伴開始起鬨：「Oh yeah, Cheng! Way to go!」現場氣氛瞬間變得異常熱絡。附帶的收穫是，當晚的小費多到誇張。

事後大家問我：「你是怎麼辦到的？」

我說：「Just create a fun atmosphere.」我只是喜歡製造氣氛，讓大家都開心而已。

賺大錢，沒有想像中開心

房地產仲介的收入很好，還有朋友把他的寶馬（BMW）名車借給我，讓我帶著客戶四處看房子……，這份暑期工作可以說是十分風光。可是，我沒有想像中開心。

美國喜劇演員金凱瑞曾經說，他希望每個人都能獲得最多的財富、最高的地位，唯有那樣，人們才會理解，這些外在的東西無法滿足你的心靈。

我拿全額獎學金進入哈佛，成為哈佛美式足球員，算是享有某種光環；住在學校宿舍，開銷很少，四年打工存下的錢，大概新台幣六十至八十萬元。

儘管我所擁有的財富與名聲，不能和金凱瑞相提並論，但他的說法讓我感觸很深，我確實覺得內心空虛。

我曾經和朋友花了四小時討論「自信」，最後發現，許多人的自信來自外在的肯定和認同。但是，這樣的自信非常脆弱。

例如，大學運動員的文化之一，是每週六去參加派對、到夜店把妹，好在週日時向隊友吹噓自己前一天的戰績。我也一樣，跟著大家四處狂歡，當下或許無比興奮，卻很快就覺得虛無。

創造價值才能獲得真正的快樂

後來我才明白，那是因為快樂的來源不是你創造了某種價值、解決某個問題，你所做的事，也不是為了實現自己的理想。那些都是為了得到別人的認可或肯定，獲得的只是非常短暫的快樂。

我發現，雖然幫客戶找房子很有趣，但那是一次性的。某部分，我跟客戶只有交易關係，成交以後，一切宣告結束。

如果一直做這份工作，我可以預見自己的未來：畢業後到銀行工作，成為華爾街的白領，買車、買房、養家……，除了金錢以外，我看不到其他提升的價值。畢竟當上手以後，技術跟溝通層面的重複性非常高。

或許有人認為這種生涯發展理所當然，但我覺得還缺少些什麼，想到要過這樣的人生，真的快樂不起來。

我看重事物的本質。

以打球為例，我覺得贏球是件光榮的事，但若只是為了贏球而打球，無法讓人滿足。努力邁向贏球的過程——每個球員盡自己的本分、全心全意投入，最後贏得比賽，才會讓人發自內心地快樂。經營企業也一樣，賺錢不是首要目標，而是把每個細節做好，讓公司創造最大的價值。

我想追求卓越，那不是累積金錢或名聲可以達到的。

我再次想起隆巴迪的話：

「相信自己，傾注所有，包含腦力、體力、心力，投入自己所從事的工作。唯有如此，人生才有意義。」

Unless a man believes in himself and makes a total commitment to his career and puts everything he has into it - his mind, his body, his heart - what's life worth to him?

做房地產很賺錢，但正如金凱瑞所說，真的擁有了金錢我才發現，光有財富是空虛的。我想做有意義的事，讓我相信而且熱情澎湃的事，所以找工作，也一定要找一份讓我相信而且充滿熱情的工作，一個通過我的專長和熱情，能夠幫助其他人變成最好的自己的工作。

16

認命不認輸

2009年，我大四，哈佛大學對上理海大學。我知道，球隊需要我，而且這也是我最後一年上場，機會非常珍貴。我持球21次、跑陣132碼，並以一次13碼傳接觸地拿下達陣分，最後以28比14獲勝。

那場比賽，對方派出三個高頭大馬的防守球員阻擋我，一時之間無法突破。但我沉住氣、直視前方，不斷移動腳步，等待他們露出空隙，果真讓我等到機會，我憑著快速的臨場判斷突圍而出。

這段過程其實只有幾秒，我的表現獲得莫飛總教練激賞，他告訴體育記者艾墨（Loren Amor）：「今天多虧了Cheng！除了他的得分能力，還有他的情緒帶動，提振了我們進攻的士氣。」

太棒了！我暗想著，照這樣下去，也許我的美式足球生涯可以劃下完美的句點。誰也沒想到，這是我人生最後一場比賽。

一場意外，美式足球生涯告終

幾天後，我在練習中扭傷了蹠跗關節。蹠跗關節連接腳掌和腳趾，原本就很容易受傷，差別只是程度輕重和復原時間長短。

醫護室裡，隊醫和護理人員熟練地替我照了X光。醫師表情凝重地看著我，「你可能沒辦法在這個賽季上場打球了。」

我不願意相信，明明只是日常的練習，怎麼可能造成這麼嚴重的傷勢？我付出這麼多，怎麼會得到這樣不幸的結果？我頓時全身癱軟，嘶吼痛哭。從來沒想過，自己可以在公共場合哭到這麼肆無忌憚。

護理人員慌了手腳，隊醫輕拍我的肩膀安慰。

跑鋒教練韋普斯（Vips）來了，他給我一個大大的擁抱，鼓勵我：「Keep your head up!」振作！別被傷勢打敗！

校刊報導也為我惋惜，認為我的故事應該是在畢業那年，帶領哈佛打贏耶魯大學，拿到長春藤聯盟冠軍，才是最完美的結局！

為千萬分之一的如果而努力

美式足球隊的高年級生都心有戚戚。此時此刻，能在球場上與隊友並肩奮戰的次數屈指可數，每個人都想全力投入，綻放最後的光芒。

我不甘心早早失去這個機會。我太愛美式足球、太愛跟隊友一起奮鬥的感覺，我下定決心，不管付出什麼代價，一定要重新踏上球場。

高中時，我也曾經受傷無法上場，但在復原到一個階段時，我便偷偷到場邊，以學長的威嚴，要求學弟把上場機會讓給我。這次，我是不是也有機會那樣做？即使是0.0000001％的機會？

反正，最糟的情況不過就是復健過度造成反效果，一隻腳廢了，但那又如何？接下來我有一輩子的時間可以慢慢療癒！不過，我很快就冷靜下來，認清現實。

我來不及在賽季結束之前復原，也無法再上場比賽。我的美式足球生涯結束了。

這次受傷，跟高中時膝蓋十字韌帶斷裂的感受，完全不同。

當年，運動是我人生的唯一價值，如果因為受傷無法打球，我不知道自己還能做什麼；如今，因為美式足球，我在大學裡交到許多朋友、學到許多人生的價值，這時候受傷，令我難過的，不是一無所有的絕望，而是無法跟球隊一起走到最後的遺憾。

還有四場比賽，代表只剩四次機會。一輩子，只剩四次機會。除了上場打球，還有什麼方式，能夠讓我和球隊一起完成這段美好的歷程？

旁觀者也有動人的力量

那段日子，我一邊努力做腳部復健，一邊為自己找到新定位。

每天清晨，我準時到球隊報到，然後穿上頭盔、盔甲、護腿、襪子……，至少負重五公斤的「全副武裝」，一如既往，參與每一場訓練，用行動表達對隊友的支持。

球隊要上場比賽，我雖然無法上場，但是一樣全副武裝，坐在場邊替大家加油助陣。

球賽開打，場上永遠熱鬧滾滾。

樂隊在台上吹奏，音符遠颺天空；身材健美的啦啦隊隊員跟著旋律舞動身體，替球隊加油。每場比賽的人數雖然不一定，從數千人到數萬人不等，但看台上球迷的心永遠是躍動的，非常投入。

「嘿，7號，小心後方！」、「喂，35號，你在打什麼球呀？」中氣十足，有時候連髒話都飆出來了，恨不得自己也上去拚一場。

我盡了我最大的努力，和球隊站在一起。

「嘿，Cheng，看到你在球場邊線，我們都受到鼓舞，大家的士氣也跟著提升了！」隊友馬可對我說。

那年，長春藤聯盟比賽結束，隊友們在賽後把我高高抬起，拋向天空。

我不知道他們為什麼這麼做，但我很高興。雖然無法上場，我還是用自己的方式成為球隊的一份子，一起在歡聲雷動的球場上共享榮耀。

這一年，我告別美式足球運動員生涯，雖然過程不完美，但是，結果仍然完美。

場邊最佳精神隊長

每年在最後一場比賽之後，球隊都會舉辦一場宴會，慶祝和表揚大家在整個賽季的表現。過程中也會宣布來年的隊長人選，以及頒發的獎項。

LaCroix 獎頒獎晚宴，是哈佛自 1950 年代以來的傳統，專為運動員畢業生而設。

四年運動員生涯，不是每個人都能堅持到最後。以我那屆為例，

三十個新鮮人加入美式足球隊，留到最後的只有十八個人。這個獎項，就是要表揚那些四年來始終如一的球員，包含他的熱情、運動家精神，以及堅持和教練與球隊站在一起的忠誠。

每年，每支球隊，只有一人能獲頒LaCroix獎。這一年，我從莫飛總教練手中接下這份殊榮。

對運動的熱愛、對球隊的認同和參與，可以用不同方式展現。人生不只一種成績單，我在運動中學到的道理，也在運動中落實。

不滿足才能懂得滿足

「為什麼你總能積極正向地看待各種問題？」有人曾經這樣問我。

哈佛有一堂很搶手的課，叫「正面思考」（Positive Psychology）。我沒有修這門課，也不知道它為什麼如此搶手。因為，每當聽到有人抱怨功課太多、壓力很大、食物很爛，我總是直覺反應：「什麼？怎麼可能！」

我一直覺得，能夠進入哈佛，簡直就像進了天堂，有物美價廉的學生餐廳、寬闊美麗的校園景致、樂於分享的同儕好友，以及讓我充滿熱情與認同感、歸屬感的球隊。

會有這種想法，或許有一部分原因是天性使然，另一部分則是早年家庭的「不幸」，導致我日後看待所有事物都是「意外之喜」，也讓我相信，人生沒有什麼是無法改變的，事情總會逐漸變好。

我想，我的滿足感其實來自於解決現實的不滿足。

就讀伊凡斯高中時，美式足球教練傑克遜（Marty Jackson）曾經這樣形容我：「就算遇到麻煩，Cheng 也會想辦法去解決，因為他是一個不容易滿足的自學者。」我聽了十分感動，而這種認命不認輸的生活態度，都是運動員訓練給我的影響。

17

最佳第六人

2010年2月28日，晚上七點，可容納兩千人的哈佛大學海明威體育館全場爆滿，士氣沸騰……

這一天，是哈佛的主場，籃球隊員都穿著黑色上衣；當天與我們對陣的，是穿著白色上衣的耶魯大學。

我帶著一群啦啦隊，同樣穿著清一色的黑色服裝。於是，在體育館裡，每個人眼中所看到的就是一片黑白分明的畫面，形成強烈對比。

I
I believe
I believe that
I believe that we

I believe that we will win!
I believe that we willwin!
I believe that we will win!

我相信我們會贏！啦啦隊全體起立站挺，用高亢整齊的聲音吶喊，時而以雙腳踩踏跳躍助威，為哈佛籃球隊加油。

最後，哈佛以78比58大勝耶魯。

運動不只是一個人的精采

2009年，隨著美式足球賽季結束，我的運動員生涯也宣告結束，有點身分改變、自我認知的失落——以前自我介紹，都說自己是

美式足球員，現在，再也不是了。但是，但距離大學畢業仍有些時間，我不想虛度光陰。應該怎麼做？

我不希望從此與運動脫節。透過運動，我找到自信，也體會到一群人彼此信任、一起做好一件事的熱情與歸屬感，我希望讓更多人體驗這樣的感動。那麼，有什麼是我現在可以做的？

美式足球賽季結束，籃球賽季正要開始。

我曾經聽過一個玩笑：哈佛什麼都強，就是籃球不強。哈佛並非籃球名校，男籃又比女籃更少人感興趣。

然而，2007年時，哈佛籃球隊請來一位優秀的教練阿梅克（Tommy Amaker），我的好友林書豪擔任隊長，球隊陣容與實力是歷來少見的強大，有機會創造歷史，贏得長春藤聯盟冠軍，拿到前進三月瘋的機會。

就我個人情感來說，這是林書豪在哈佛籃球隊的最後一年，我想用我們最熱愛的運動，為彼此留下精采的回憶。改寫學校的運動文化，讓更多人愛上運動，這件事應該夠精采吧？

從2009年11月到2010年3月，有十三場比賽的主場在哈佛。這十三場主場，兼具了天時、地利、人和，是改變的最佳時機！

創造機會，讓更多人踏進球場

我很清楚，平常對籃球不感興趣的人，不可能無緣無故一夜之間愛上這項運動。我首先應該做的，是設法把人帶進球場，再點燃

他們的熱情。

我先去拜訪校長和體育行銷主任白恩（Sue Byrne），讓他們理解，把人潮帶進體育館是對學校有益的事，並且請主任保留四百個座位給我。

「你確定可以找到四百個人嗎？」以往男籃比賽，觀眾只有三、五十個人，我居然要留下四百個座位，能坐滿嗎？白恩很沒信心。

「先給我這個數字，我會想辦法！」能否做到，其實我沒什麼把握，就是想嘗試。

我也說服籃球隊教練，認同我的想法，以及我即將要做的事；又向學生組織幹部說明，為什麼要培養重視運動的文化。

2009年12月底，我在寒假結束前便返回波士頓，立刻回到哈佛進行準備事宜。

組織最佳第六人

那四百個座位，我稱之為「最佳第六人區」。這個名詞不是我發明的，早在1980年代，NBA在每年賽季結束後，都會頒發「最佳第六人」獎給優秀的替補球員，表揚他們在上場時，發揮關鍵影響力。

不過，這次，「最佳第六人」並非替補球員，而是由哈佛學生組成的啦啦隊。我對哈佛學生說，我們是最佳第六人，也就是場上的第六個球員，是球隊的一部分，可以用我們的吶喊、尖叫干擾

對方的表現、激勵自己的球隊，我們是可能影響比賽輸贏的團隊一份子。

然而，這支即將成軍的啦啦隊，多半是籃球場上的新鮮人，他們可能連比賽規則都不清楚；而且哈佛學生多半很在意自己的形象，即使為球隊助威，也只會喊「Go! Go!」，連「Ya！」、「Good job！」（幹得好）等歡呼，都很少出現。

要怎麼鼓動他們的熱情？我想，恐怕需要一點瘋狂的元素。

不過，這真是太好了！畢竟，誰能比美式足球員更瘋狂？想到這點，我開心得想當場大叫。

我找來強納生（Jonathan Mason）、馬修（Matthew Hanson）、修（Hugh Archibald）、杭特（Hunter Thronton）、亞當（Adam Riegel）五個人，做為搖旗吶喊的基本班底。他們和我一樣，都是說起話來吵死人、做起事來厚臉皮又不要命的美式足球隊員。

有了充滿默契的班底，我信心洋溢，積極廣招學生，加入「第六人區」。

瘋狂的美式足球員，宣傳方式也很瘋狂。我通過臉書頻繁發訊息給大家，頻繁到引來不滿和怨言：「嘿，拜託，別再寄信來了好嗎？很煩耶！」

反彈收下，行為依然照舊。眾人的反應早在我的預料之中，因為我當時的想法很簡單，就是要讓大家煩死，愈多人有反應，表示這種行銷手法愈有效！

瘋狂的宣傳攻勢，加上2006年至2010年間因林書豪所引起的話題，籃球隊受到的關注超乎以往。

我們努力創造群眾的尊榮感，設定線上註冊機制，要來看比賽必須先上網註冊登記索票，再憑號碼牌和哈佛的學生證領票。時間，就在比賽那週的週二中午十二點啟動！

所有門票秒殺！甚至，因為同時上線登記的人數太多，造成系統當機，我收到一堆人私訊問我：「搞什麼鬼！不是說要線上登記嗎？為什麼根本進不去！」

引導情緒，勇敢更瘋狂

浩大的四百人啦啦隊，很快就宣告組成。

接下來要做的，就是點燃啦啦隊的熱情，我們在每個小地方下足功夫。

我寫了一封信，給所有來領票的人，解釋「最佳第六人」的意義，讓大家了解：你不是來看比賽的旁觀者，而是可能影響輸贏的參與者，我們是有機會在哈佛創造歷史的一群人！

像是在對戰普林斯頓大學、賓州大學前，我在信裡要求，每一位成員，全身穿戴都必須是白色，不論頭帶、上衣、褲子、襪子、鞋子……甚至紋身，只要你出現在體育館，就絕對要一身白：「找出你們所有的白色服裝，我們要讓海明威球館變成一片白海！」

服裝是最基本的統一識別，不僅滿足人類尋求歸屬感的內在需求，也是美國文化之一。一群陌生人可能因為穿上同樣的衣服、支持同樣的球隊，形成身分認同，火速成為朋友。

然後，座位安排也有訣竅。

看得懂比賽，才能感染熱情，更不會鬧出失手幫對方球隊加油的笑話。所以，安排座位時，我們讓懂籃球的人坐在前三排，門外漢則在後面，讓他們跟著前排的人動作。

體育活動競爭的氛圍，感染力十分強大，人們會不自覺拋開拘謹內斂的束縛。當你專注投入某個情境，積壓在內心的情緒找到發洩的出口，就會不自覺地展現真實的自我。

在那個當下，人們可以容許超越日常的瘋狂，自己無暇擔心別人的想法，別人也無意評論他人。只不過，這樣的情緒，需要適當引導。

擾亂對手軍心

當球賽即將開始，我們先用體育報紙遮住臉，等敵隊球員進場，播報員一一唱名時，每唸到一個名字，我們就把報紙挪開，喊道：「Suck!」好爛！

為了分散敵隊的注意力，我們也會在比賽中喊話搗亂。

喊什麼呢？這就要靠賽前的準備功夫了。我們會調查敵隊選手的底細，包括：父母是誰、女朋友是誰、職業是什麼……，做為聲

東擊西的工具。

例如：我們調查到，馬拉迪斯（Dan Mavraides）是普林斯頓的三分球射手，前一年比賽讓我們吃盡苦頭，他的母親是演員。我們便在賽前列印出他母親的照片，每當他罰球時，我們就高舉照片，喊道：「嘿，你媽在這裡呢！」分散他的注意力，讓他投不進球。

只要能影響敵軍軍心，我們無所不用其極。反之，為了鼓勵己軍，我們也有方法，例如：喊口號。

為了帶動氣氛，我們整理出幾個簡單好記的加油口號：

I Believe That We Will Win. 相信我們可以贏！
D, D, D, Defense! 防守！防守！！滴水不漏！！！
Let's go Harvard, Let's go! 哈佛衝！哈佛衝衝衝！

喊口號要大家齊聲高喊，才有震撼力。所以，我們把口號寫在白板上，然後我站在啦啦隊座位區的最前面，高舉白板，聲嘶力竭地帶頭吶喊，其餘的人跟進。

一時之間喊聲隆隆、響徹雲霄，每個人都亢奮到了極點。

這是一種美妙的體驗。

當大家身在同一個球館，不管膚色或身高、體重，此刻，每個人都只有一個念頭：我屬於這個球隊，正與其他人一起為這個球隊加油，希望他們贏球。

剎那間，成百上千的心，凝聚在一塊。

運動是凝聚群體的最佳方法

隨著經驗累積，啦啦隊的默契愈來愈深。其他看球賽的學生經歷了美好的體驗，口耳相傳，後續的推廣就更容易了。

這一年，哈佛主場的賽事場場爆滿，最後一票難求，黃牛票賣到每張五十美元（約新台幣一千六百元）的高價。白恩和校長雙雙跌破眼鏡。

空前的盛況，也讓許多校友深受感動。

熱愛籃球的校友史坦柏格（Tom Stemberg），是全球最大辦公用品供應商Staples的創辦人，他對這個聲勢感到不可思議。「天啊，你們是怎麼做到的？」他主動聯絡我們，豪爽承諾：「以後你們需要什麼，直接到我店裡，我全部贊助。」

我們也不客氣，無論列印宣傳海報或球員照片，都直接上Staples。

大四那年為哈佛男籃組織啦啦隊，是我第一次嘗試說服學校，帶動一群人跟我「做傻事」，讓大家一起愛上運動。這次經驗對我日後創辦球學啟發很多 —— 不是每個人都要成為運動員，但是從看球賽到下場運動，每個人都可以把運動變成生活的一部分。

畢業典禮那天，因為這場啦啦隊活動帶來的改變，我獲得哈佛體育部主任史考列斯（Bob Scalise）特別頒發體育主任獎（Director's Award）。這個獎項不是每年的慣例，只有當學生表現特殊、對學

校創造極大貢獻時，才會頒發。

經過這些事，我深切體認到，宗教、種族、年齡、文化……，形成人與人之間的藩籬，讓大家成為不同的群體，但每個人的內心深處都渴望一份歸屬感，而運動正是讓不同群體得以團結的最佳方法。

改變眾人的觀念，只需要一個切入點和一個小小的火種，重要的是，你願不願意當那個足以燎原的火種，扮演「最佳第六人」。如同當年那場籃球賽，組織啦啦隊也許不是一件大事，卻啟發了學校的運動文化，讓更多人愛上運動，從此，發現不同於學業成就的快樂。

教室外的學習才是真正的學習

—————— **史考列斯**（Bob Scalise）‧哈佛大學體育部主任

在何凱成大四那年，我親自頒發了體育主任獎給他。這個獎，並非表彰他在運動上的傑出表現，而是表揚他所具備的領導風範。

凱成是美式足球員，但他發揮自己的領導能力，帶動哈佛大學學生對籃球的興趣，組織啦啦隊到比賽現場為球隊加油。

我對凱成印象最深刻的是，當他拿到球，便會盡可能為球隊推進碼數；如果遇到強壯的防守者，他也會設法騙過他們，找到空隙穿越。這種堅忍不拔、不顧一切、使命必達的態度，令我印象深刻。

讓學生從運動中學習，是哈佛的使命。在我辦公室座位後方，有個標語，上面寫著：Academic integration into competitive athletics。讓學業與競爭性運動結合。

我們認為，學生從運動中可以學到課堂上難以學到的東西，像是團隊合作、自我犧牲、領導能力、如何適度冒險並承擔風險，以及對自己負責，因為倘若你做出不當決定，將使球隊受到傷害，責任感由此而生。

透過運動，我們也學習到「韌性」的重要，即使置身逆境也能憑自己的勇氣與努力克服。運動有贏有輸，比賽的過程無法盡如人意，運動員必須學習克服這樣的情況，對自己說：我會贏！另外，我們常說運動家精神，對所做的事設定高道德標準、尊重遊戲規則的價值……，這些事情很難在其他領域學到。

此外，運動可以凝聚社區意識和建立對學校的認同感，這也是哈佛設立體育部門的原因。

透過比賽，我們的學生可以與我們的校友交流，同時也讓更多想到哈佛的學生認識我們。這些學生看到這樣的環境之後，都會說：「哇，我不知道哈佛有這樣的環境，我也想參與！」因此，也讓我們可以招募到更好的學生。

對我們來說，最頂尖的學生不全然是成績最好的學生，而是最全面、最有潛力帶領、激勵他人的學生。

這就是為什麼，我們是全美甚至全世界擁有最多運動校隊的學校 ── 我們有四十二個運動項目，其中男、女生各二十一項。

我並非亞洲文化與社會專家，但是在美國和哈佛，運動對我們每個人的領導能力和生活都產生巨大的影響。我們最近才頒獎給花旗集團董事長暨執行長高沛德（Michael Corbat），他曾經是美式足球校隊成員，而他曾說：「如果沒有運動和我在運動場上學習到的原則和價值觀，我不會有今天的成就。」

看過這些見證，我認為，學生應該在學業上努力，但同時也可以享有團隊運動的體驗，將不同的人聚集在一起，朝共同的目標前進。這個體驗和能力，對每個人都是很棒的禮物。

我們希望聚集各種具有特殊專長的優秀學生，例如：優秀的運動員、優秀的音樂家、優秀的學校記者、在高中學生自治會表現優秀的學生……，共同創造一個更豐富的學習環境。

在這裡，學生學到的，不是只有教授傳授的必備知識。我們期盼學生自我學習，同時也能教導他人並從他人身上學習。即使是在學校餐廳，或從宿舍走到教室的路上，都有機會認識興趣不同的人，學習

到不同的東西。

　　我相信，如果你問哈佛的學生，他們一定都會説，在教室外學到的東西比教室裡更多。這才是真正的學習。

18

事情對了，再苦也甘心

大四上學期結束前，我獲得三個工作機會：摩根史坦利銀行、美聯銀行（Wachovia），以及NFL。其中銀行的待遇最好，年薪加上獎金，六位數起跳；相對來說，NFL的年薪不到五萬美元，大概只有銀行工作的一半。

親朋好友知道這個消息，都替我開心，更有人極力建議：「當然選銀行啊！工作穩定，錢又賺得多。」

可是，我遲遲無法決定。考慮什麼呢？

擁有哈佛大學經濟學系學位，想在美國金融界找到不錯的工作，不是難事。但，那是我想要的嗎？

恰巧，NFL計劃在中國大陸推廣美式足球，想透過綜藝節目宣傳。為了拍攝節目影片，他們找到了我——一個華人，卻能在哈佛美式足球隊擔任跑鋒；另外，他們也邀請台灣樂團五月天到哈佛，由我帶著他們體驗跑鋒的訓練。

這部五十分鐘的影片，成為改變我下階段人生的契機。

捨高薪，卻找到人生目標

早在2007年，NFL就在中國大陸設立辦公室，成立NFL China，但在他們找上我之前，我從不知道他們有這樣的計畫，也沒想過可以把美式足球帶到大陸。

大學畢業後，原本以為自己應該會和其他隊友一樣，進入華爾街，從事金融業。我去銀行面試時，對方問我為什麼想要這份工

作，我直接回答：「我想賺錢。」

「不然呢？難道是喜歡你們公司嗎？」我在心裡暗自地說。

直到NFL找我拍這部影片，我才發現，可以回到亞洲，貢獻自己，這才是有價值的工作，是我真正想做的事！

美式足球讓我獲益良多，改變了我的生活。去美國之前，我在台灣念到國中一年級，深刻感受過美國與台灣對體育截然不同的態度。如果，我可以讓更多亞洲人體驗運動的好處，那個影響有多大？那是一件改變文化、經濟與教育，以及國家未來的大事！

突然，一股強烈的使命感油然而生，我興奮到好幾個晚上睡不著。

我決定忠於自己，捨棄高薪的金融業，選擇了當時薪水最低的NFL。沒想到，這個決定，竟成為日後創業的起點。

立志當美式足球傳教士

我去NFL面試時，同樣有人問我為什麼想做這份職務，我還是直截了當回答：「我想去中國大陸，幫你們推廣美式足球。」我的優勢是懂中文、熟悉華人文化，對NFL來說，這也是全新的嘗試，在此之前，他們沒有專門做這件事的職位。

我在NFL工作了兩年。第一年，我在紐約總部的活動部門工作，還參與了美國超級盃（Super Bowl）的活動規劃。超級盃是全美最盛大的美式足球賽事，現場轉播的廣告行情，一分鐘就要價七、八百萬美元。我心想：如果在亞洲也能看到這樣的比賽，應該很

有意思。

第二年，我被派駐到北京分公司。這時 NFL China 已經成立四年，業務範圍遍及上海、廣州、北京三大城市的四十四所大學，包括：北京大學、清華大學、交通大學等名校。我擔任 NFL 的窗口，組織「腰旗橄欖球聯盟」。

腰旗橄欖球的基本規則與美式足球相似，但動作溫和許多，即使要阻擋進攻，也不會衝撞對方球員，而是由防守球員摘走進攻隊員身上的旗子，決定一輪進攻的勝負。這項比賽在當地十分受歡迎，甚至有位學生，隻身一人搭了四、五小時的火車，就為了去看比賽。

「你怎麼知道這個比賽？為什麼想看？」我感到好奇。這位學生有鄉下人的純樸氣質，回答問題十分認真，「在你們的網站上看到消息。以前，我就看過 NFL 辦的比賽。」

有人這麼重視，我當然很高興。然而，這一年，也有許多超乎想像的事，讓我深受刺激。

遇見大街賣藝的世界冠軍

腰旗聯盟舉辦的比賽是由 NFL 向學校借場地，學生從四面八方前去比賽，和學校體系是分開的。我在動員學校的過程中發現，學校從校長到主任，都不太重視這件事情。

學生方面，北京學生補習的狀況，比台灣更誇張。我聽過教練、老師、學生和家長提到，有些孩子為了升學考試，累到打點滴也

要撐下去，甚至有人因為高考成績不佳而自殺。我非常驚訝。

不過，也有些事讓我更堅定自己想做的事。當時我住在北京王府井，每天搭地鐵上班。有一天，在前往地鐵站的路上，看到馬路旁有人在倒立，我很好奇，走近看，發現地上放了一個碗和一張照片。照片裡，那位倒立者站在受獎台上，他是金牌得主。

後來上網搜尋，發現這個人叫張尚武，十二歲加入中國大陸體操國家隊，曾在2001年獲得北京世界大學運動會男子團體與吊環兩項金牌，當時他年僅十八歲。不過，他二十多歲受傷退休，二十五歲時因竊盜遭判刑四年半，後來減刑，提前在2011年4月出獄。

他退出體操隊後，曾經嘗試找工作，像是保全，卻因為身高只有151公分而遭拒絕；請熟人介紹工作，對方卻嘲笑他：世界金牌選手還需要找工作？張尚武在接受媒體採訪時指出，他的爺爺腦血栓，病情愈來愈嚴重，他想賺錢給爺爺治病，卻沒有一技之長，只好上街賣藝。

那個場景震懾了我。他是金牌運動員，卻沒有發揮的舞台，只能出賣多年苦練而成的技藝來掙錢。

我也是運動員，卻有這麼好的環境和機會，運動，扭轉了我的人生。兩相對照，我發現，一定是哪裡出了錯。或許張尚武曾經做錯事，但是，這個體系一定是更大的問題。我想改變這個現象。

大陸的體育人才培訓體制，延續了前蘇聯模式，一切以贏得奧運金牌為目標。所有運動員都是從小開始培養，根據身高、體重選

擇合適的項目，送入培訓體系，每天訓練至少八、九小時。訓練體系完全獨立，沒有時間學習一般課業。

換言之，體育歸體育、課業歸課業。不少人退役之後，因為沒有受過良好教育，謀生無門，只能做些薪資較低的工作，甚至在街頭賣藝，或是流落街邊乞討。

張尚武就是其中一個例子。他曾說過，自己加入國家隊後，再也沒有童年，也沒有上過學。

成績頂尖卻極度忽視體育

在大陸工作期間，我也擔任哈佛大學駐北京的面試官，有機會接觸當地學生。這些學生在自己國家都是頂尖人才，人生格局卻不免受到局限。

我曾經面試一個學生，他穿著正式，準備了厚厚一疊資料，看起來充滿自信。當他坐下來，我們聊起他的人生，他開始感到困惑，為什麼我們不看他帶來的資料？

身為面試官，我的重點是要了解這個人，例如：最近讀什麼書？對什麼事有熱情？如果他談到自己有興趣的事物，而且表現卓越，都可以提升他的錄取機率。這些，是書面資料看不到的。

來面試的學生已經是頂尖中的頂尖，符合哈佛要求的還是少之又少——在我擔任面試官那年，哈佛錄取的大陸學生不到十個。

即使他們順利進入哈佛，但是碰到一群來自世界各地的人才，其

中不乏比他們優秀的，他們拿到人生中的第一個「B」，常常承受不了。他們一直是人生勝利組，不曾真正輸過，沒有試過被撞倒再自己爬起來，進了大學才發現原來自己沒那麼好。有些人就這樣得了憂鬱症，有些人更因此退學。

在大陸工作這一年，我體會到，美國教育體系很重視運動，把運動視為教育的一環，也藉此培養優秀人才與領導者，有九成的企業CEO，在大學時代都參加過校隊。就像哈佛，學術成就非凡，但他們的核心理念，是透過運動傳達教育的精神。反之，包含中國大陸在內的亞洲地區，多半只重視一種價值——課業成績。

即使《哈佛女孩劉亦婷：素質培養紀實》這本書在大陸大賣，「成績不代表一切」的觀念開始被接受，但幾乎每個申請哈佛的學生，特質仍是大同小異：很會念書，卻鮮少有運動的習慣。

想讓99%的人愛上運動

顯然，在大陸的教育體系裡，缺少運動這一環。我開始思考，如何擴大運動市場，讓更多人看見運動對人生的助益。

組織運動聯盟有一定的影響力，但當時NFL在大陸市場的定位，是「只要賺到1%就好」。我質疑，為什麼不是讓99%的人都喜歡上美式足球？當時我還年輕，很沒禮貌地直接質問主管：「怎麼那麼笨？這是什麼策略？」

不過，我當時的主管蕭琳（Stephanie Hsiao）很坦誠地回答我：「你想做的事，已經超過NFL的目標。」

她說的話，我到後來才明白。不可能寄望一家外商解決當地的社會問題，要改變現狀，必須讓當地的家長知道，運動對孩子的重要；也要讓學校知道，運動對學生和社會都是不可或缺的一環。

透過運動，我學會英文、交到朋友，進入哈佛，體悟到人生不應該由一種價值決定；也是在這所世界知名學府，我成為美式足球隊跑鋒，在一次次的訓練，以及 1,731 碼跑陣、12 次觸地得分的實戰生涯中，解答了我的許多人生課題，開啟新的視野。

我就是最好的見證。

所以我不想放棄。我跑去紐約，找上一級主管克里斯多福（Christopher），表達自己的想法。結果當然沒成功，但他也建議我，可以考慮自行創業。

其實，早在遇上五月天來錄節目時，我就有創業的想法，甚至還加入創業家俱樂部（Kairos Society）。

創業家俱樂部的成員都是身價百萬美元，我之所以能加入，是因為我的夢想是把美式足球帶到中國大陸。可是，創業應該怎麼開始？如何生存？商業模式是什麼？我毫無頭緒。

競爭不該只是會考試

我在台灣出生、成長，十三歲之前的學業成績並不理想，除了籃球等運動，無法從其他領域獲得成就感。當時的我並不知道原因，但是如今我愈來愈清楚，這樣的結果不是我的問題，而是整個體系的問題。

台灣，乃至整個亞洲的教育，都太重視考試成績，甚至把智育當作判斷一個人的唯一價值，很少幫助學生探索智育之外的天賦。不少學生對未來感到徬徨，缺乏自信，不知道自己能做什麼。

我可以憑藉運動天賦進入頂尖大學，是因為美國提供各式各樣的競爭，但這種情況很難在台灣發生，因為我們的競爭只有考試。

於是，考試引導教學，相較於全美國有六成學生參加運動校隊，台灣學生參加運動校隊的比率不到3％。學生每天的生活，不是在考試，就是在準備考試，或者，不是在補習，就是在補習的路上。

然而，如同我在哈佛體悟到的，「學習如何學習」遠比分數更重要。教育的目的，應該是幫助每個人成為最好的自己，不應該過早限定未來的職涯。

在國、高中階段，教育應該幫助學生認識自己、找到自己的天賦，藉由跨領域的嘗試發現熱情所在。這也是為什麼，美國校園的運動比賽會分不同季節進行，就是讓大家有機會嘗試不同運動，找到自己感興趣或擅長的項目，不必被迫選擇某一種。

我深深感受到台灣與美國教育觀念的差異。那麼，能不能把我所獲得的恩澤與力量，帶給和我一樣的人？

我因為運動而受益，如果要做一份值得付出的工作，我希望是透過運動，改變家鄉的教育觀念，讓這裡的學生、家長、教師都能體悟，孩子的學習之路不止一種，成就也可以多元。

不點燃熱情，就被熱情燃燒

——— 陳主望・威盛電子特助

「他是林書豪讀哈佛時的樓友，」這是我第一次聽說何凱成這個人，但我很討厭這句話，為什麼一個人要被其他人定義？那種說法，像是在貶低一個人——如果凱成就這樣應了，只有這樣的志氣，我這輩子跟他恐怕會老死不相往來。

後來，我們有機會深入交談，了解他的故事。從他霎時成為孤兒開始，一直聊到他的近況。我問他，為什麼要回台灣？他給我的答案是：「美式足球帶給我很多收穫，我想回饋它。回饋給像我一樣的孩子，讓他們透過體育學習人生，和我一樣有個機會。」如果換成其他人講出這種「聖人」之語，我肯定會很想吐，但凱成不是那種人，他對他說的話抱有信念。

相熟之後，某天，凱成約了我和幾個朋友去打籃球。我發現，他好像把籃球當成美式足球在打，防守時誤以為自己是線鋒，於是「一不小心」，搶籃板球時打中防守對象的左眼，那個人當場被打趴。

凱成走過去，伸出手，想扶他一把。但他甩開凱成的手，跛著腳走回板凳區。

凱成向對方道歉，對方卻回了一句：「我們只是打好玩的耶！」

我看著凱成，不知不覺笑了。好玩？凱成的字典裡沒有這個詞，他對待每件事都極度認真。

「凱成，你可以放鬆點嗎？」黑人陳建州說。

「我不是故意打傷他的，但我放鬆不下來，」凱成說。

我想到NFL名教練隆巴迪的話：「若你尚未被熱情點燃，你終究會為熱情焚燒。」凱成，他就是熱情的化身。

後來，凱成告訴黑人：「我想從事體育教育。」

「什麼？」黑人一頭霧水。

「那是什麼鬼？」我不客氣地問。

「我已決定，做就對了，」凱成說。

「你又不是Nike廣告，」我開玩笑說。

我認為，當下沒人知道凱成在說什麼，只知道他要做的是跟體育和教育有關的事。

他對我說：「我相信體育是重要的國家未來棟梁訓練平台，也能夠分享快樂、健康的生活。」

我心裡OS：蛤？但又很想看看他會做出什麼成果。

「我想讓體育更平易近人，融入華人教育體系，」他繼續說。

當時我覺得他很頑固，太一意孤行。你哪可能改變有五千年歷史的華人教育？華人就是要背一堆東西、考試，體育是給那些課業不好的人玩的，老師會把體保生像趕牛一樣趕進體育班。

姚明曾說，籃球教會下一代中國人法理 —— 人人守法，在規則下公平競爭。凱成也有類似的想法，他認為運動不只是比賽而已。

隆巴迪說：「勝者絕不放棄，棄者永難勝出。」

凱成的全身燃燒著熱情，被擊倒也能重新站起。對我而言，他就是勝者。

19

做對的事，而且把事情做對

離開台灣十多年，重回故鄉，通過林書豪的介紹，我認識了黑人陳建州。

我和黑人「真正」認識，是在籃球場上。那場球，我、林書豪、林書豪哥哥林書雅一隊，黑人和其他朋友一隊，就在攻守之間，我撞上他的胸。我知道自己的力道一向很大，他也被撞得難以呼吸。不過，他只開玩笑說了一句：「這不是美式足球好嗎？你不要把籃球當美式足球打！」

不「打」不相識，林書豪離開台灣之後，黑人幾乎把我當成自己弟弟一般。當時我在台灣幾乎沒什朋友，黑人經常約我出去吃飯，認識他的朋友。

就這樣，我認識了藝人王宏恩、范瑋琪、唐志中，目前擔任宏達電（HTC）EXODUS計畫領導人的陳信生、威盛電子特助陳主望，網球選手詹詠然和她的妹妹詹皓晴，以及牧師馬正遠等人。他們為我的人生帶來意想不到的幫助。

坐著想不如起而行

我們這群人背景不同，但是擁有共同的信仰，也樂意互相協助，就像一個大家庭。後來我們組成「家教會」（Big Family），一起讀《聖經》，分享生活和想法。我也在一次聚會中提出想結合運動與教育的想法，但一開始沒有獲得支持，因為大家認為，我想做的事無法獲利，也不可能長久。

我想讓更多孩子有機會接觸運動，並讓體育成為教育的一環，更遠的目標則是透過體育連接東、西方。雖然我還不清楚從何切

入，但是與其始終停留在腦中思考，我選擇直接動手做。

2012年9月，我第一次創業，成立「海國圖志」公司，目標是讓海外學校招生或家長評估海外學校，都有值得信賴的平台。

美國學校招生，評估的不只是學業成績，更看重課外活動，其中，運動占了非常高的比例。過去台灣的留學顧問多半是本土公司，不了解東、西方教育體系和觀念有些落差，很多學生申請學校並不順利。

可惜，海國圖志不久就因內部問題結束營運，一度讓我感到茫然甚至想離開台灣，直到陳信生找我去他辦公室談話。

那天，我坐在宏達電的辦公室，他站在白板前，列了一份心智地圖，一條一條寫著我想做的事、我的強項與弱項、我的資源，還有亞洲教育的問題。

透過陳信生的指點，我才發現，原來可以把自己的興趣、專長，以及想做的事，全部結合在一起。我一直很想改變亞洲的運動風氣，而他幫我釐清了，有哪些事是我現在可以做的，以及一旦做到將產生什麼影響。

「球學」的雛型就這樣產生了。

從零開始持續摸索

「球學」這個名字是陳信生取的，取「求學」的諧音，「球」代表各類運動，「學」則指教育與學習。

當初，我憑著一支運動影片，獲得進入哈佛大學的機會，我想，也許這個模式可以套用在台灣學生身上。因此一開始，我想做的是，結合LinkedIn和運動，建置全台學生運動員比賽影片資料庫，做為與全球接軌的平台。

2013年2月，我以「球學.com」註冊上線。不過，這時期的球學，只是一個概念，還不是真正的公司，沒有清楚的商業模式。

我投入了所有積蓄，包含我在美國打工與在NFL工作存下的新台幣一百五十萬元，以及父親留下的土地出售所得一百萬元。每天早上，我從民生社區騎腳踏車到南港工作，途中經過河濱公園，那片風景總能讓我稍稍忘卻創業的艱辛與痛苦。即使是颱風天，依然風雨無阻。

送出首位學生球員

這段期間，凡事我都捲起袖子自己做：自己拍片、自己挑影片、自己剪影片，有時候在公司一待就是十二個小時。

這些影片寄到美國六、七十所學校，因為時差問題，經常凌晨三、四點還在打電話聯繫。四個月後，我終於看見成果。

2014年5月，畢業於高雄市三民家商的陳柏良，獲得美國紐約知名高中湖沙克中學（Hoosac School）錄取。他是球學.com成功送往海外就讀的第一個學生運動員。

2015年1月，透過運動影片分析，幫助台北美國學校獲得二十年來第一次的東南亞學校校際協會（IASAS）籃球冠軍；同一年，

畢業於台北市新民國中的蘇培凱，則獲得美國緬因州華盛頓書院（Washington Academy）錄取，兩位年輕球員林庭謙、唐維傑，取得美國寄宿學校獎學金。

接獲錄取通知時，家長十分開心，我也很興奮。這些經驗證明，台灣學生要出人頭地，不必只靠學業成績，運動表現優異同樣能獲得認可。這是一樁對學生、家長、學校，乃至整個社會都有益的事。

只可惜，受限於語言，陳柏良沒能完成學業，就決定返回台灣。

走過資金拮据期

送出第一位學生運動員之後，球學的員工持續增加，包含薪水、水電、房租、網路費各項費用，一個月基本開銷就要八萬元。多虧富邦育樂總經理蔡承儒幫忙，我有機會擔任富邦勇士隊的體能訓練師，一個月薪水六萬元，全部拿來支付公司開銷。

在富邦賽季結束後，我又遇到一個機會 —— 成為崔維斯（Travis）的教練。

崔維斯原本就讀台北美國學校，爸爸曾經是美式足球員。十三歲時，他爸爸送他到美國一所貴族中學念書，並且進了美式足球隊。

十五歲那年暑假，崔維斯回到台灣，他爸爸找到我：「我的小孩也在打美式足球，可不可以請你利用這個暑假好好訓練他，也教他一些人生道理。」

「如果你願意幫忙，我們一定支付你合理的費用，」崔維斯的爸爸很看重這次訓練。

當時正在球學草創階段，資金不足，我就想：好啊，反正我自己也要運動，有人一起運動，也很好。

學生家長變天使投資人

崔維斯剛進入美國念高中，對環境有些陌生，再加上美式足球是強度很高的運動，所以，我參照哈佛的訓練原則，幫他規劃了一套初階訓練計畫。我們通常都是早上六點半、七點就開始訓練。

「我的小孩從來沒有那麼自律，Cheng，你到底做了什麼，讓他晚上十點鐘就睡覺，還叫我早上五點鐘叫他起床。你是不是幫他洗腦了？」崔維斯的家人被他的改變嚇到了。

「沒有啊，」我老實回答。我只是跟他說：「我願意幫助你，但前提是，你要先幫助自己；如果你不幫助自己，我掉頭就走。」我會督促他，也希望他願意被我督促，最重要的是，「一定要配合。你若不能配合，今天我們的對話就沒有意義了。」

後來，崔維斯再也沒有遲到，甚至提早出現。

經過三個月的訓練，我覺得崔維斯最大的改變是更有自信。因為他覺得，像哈佛這種高強度的訓練他都能完成，還有什麼做不到？回到美國後，他甚至越洋跟我抱怨：「我們體能教練怎麼那麼爛啊？都沒有規律、沒有規劃！」後來他也用我教他的方式，自我訓練了一年。

我提醒他：「Travis，你接受的是大學程度的訓練方法，不能和高中的比。」

「哇！差異怎麼這麼大？」他這時才發現自己成長了，身材也從原本的一百四、五十磅變成兩百四十五磅，大約是一百多公斤。

「這樣子不健康吧？你吃太多了？」崔維斯的媽媽又緊張了。

「他打這個位置，就是要吃！」崔維斯的爸爸勸孩子的媽媽冷靜。

每次和他們一家人吃飯，就是這樣有趣。爸爸、媽媽一人一句，不過，他們都很開心。後來在球學協助下，崔維斯順利進入賓州大學就讀。

崔維斯的爸爸因此成為我們的投資人，儘管他不太清楚我在做什麼，但是看到孩子的成長超乎預期，就決定投資了，「我根本沒想到我的孩子才大一，就可以跟美國的運動選手競爭！」

儘管崔維斯沒有領獎學金，但是跟他競爭的運動員，很多都申請到獎學金，顯然是表現不錯，才會成為學校爭取的對象。但崔維斯跟這些人較勁，絲毫不畏懼，教練甚至親手寫了一封信給他爸爸，表示對崔維斯的肯定。

用大數據分析球員表現

從2014年的陳柏良，到2018年的崔維斯，球學經過各種挑戰，每個挑戰都是一次轉折。

起初，我們不懂技術、沒有專業設備，只能土法煉鋼。要為一位球員錄製三分鐘的影片，至少要蒐集他的十場比賽影片，但其中可能只有一、兩球會放進影片中，而剪輯影片又要再花上一、兩個月。

換言之，平均一年只能為一位球員製作影片。

當我送陳柏良去美國時，找到一家專業運動戰術分析公司Krossover.com，決定引進並代理他們的產品。

我們原本的做法是，從YouTube下載福斯的影片，再按照蒐集到的球員數據，判斷哪些球員是先發球員，再從中擇優挑選他們的比賽影片加以剪輯。

Krossover.com的產品曾獲得NBA克利夫蘭騎士隊、NCAA杜克、肯塔基等名校，以及美國一級高中球隊採用。它能將一場兩小時的球賽轉成三百個短片，你可以挑選想分析的球員，精算他的投籃、籃板、抄截次數。透過專業的數據分析、比賽影片剪輯，球員可以更有效率地精進球技。

這個產品大幅提升我們的效率，球學從四個月產出一個球員的履歷影片，變成四個月內產出超過一百六十個。同時，在這段過程中接觸更多家長，我也發現他們都願意付費取得自己孩子的影片。

尤其，許多家長都有「美國夢」，當他們發現這些影片可以幫助孩子到美國升學或領取獎學金，更加熱情澎湃。

對球隊來說，球員出國念書也是樹立口碑的好機會，同樣願意付

費取得我們製作的影片。

影片版權惹議，改用直播解套

雖然效率及口碑都不錯，但是這個模式仍然十分燒錢，而且我們收取的費用，僅僅是製作影片的成本，只能勉強維持公司生存。這時又有新的問題出現 —— 福斯與緯來要控告我們侵權。

我們根本沒錢購買版權，於是決定改採現場直播模式。因為直播版權屬於球學，就沒有侵權的問題。

此時，又有新的機會來臨。高中籃球賽事不少，卻不是每一場都有電視台轉播。有了先前的口碑累積，這時候，開始有賽事主辦單位或學校請我們直播比賽。

後來我們跑遍全台，累積直播比賽五百多場，甚至吸引台灣Yahoo!奇摩、中國大陸鬥魚TV等影音平台，上門購買影片版權，在他們的平台播放。

如此一來，我們擁有新的收入，得以持續營運。

然而，我們轉播的比賽，現場觀眾與上線觀看的人數都不足，影音平台的合作也宣告結束，營運危機再度出現。

明明家長、學校都關心，為什麼比賽沒人看？最大的問題癥結點出在賽制。

直到現在，許多籃球比賽都在校外舉辦，甚至必須離開所屬縣

市，球員的同學、家長即使想到現場加油，也有心無力；而且，許多比賽場館根本沒有座位區，最有潛力的觀眾群卻缺乏參與的管道。

比賽地點、場館設計等因素，形成惡性循環。不適合看比賽的環境，自然吸引不到球迷進場；無法養成看球賽的習慣，線上觀賽的人自然少。

改變命運的時刻

要改變現況，就得自己辦比賽，以新模式帶動看球賽的風氣。然而，最初創辦球學的兩百五十萬元資金，此時已經耗盡。

人生的第二次創業，抱持破釜沉舟的決心，卻沒有令人滿意的成果。要就此放棄？還是繼續努力？

我處在人生的十字路口。幸好當年從運動中得到的領悟，讓我很快找到答案。

要實現「讓運動變成教育的一環」，球學是目前最好的媒介，我想繼續做下去。

沒想到，當我下定決心之後，祝福接連而來。

這段時間，我到教會分享自己的故事和理想，認識了愛生關懷協會執行長鍾宜珊。她非常關心教育，也認同我的想法，於是慷慨解囊，給了我一筆資金，完全不提何時要還。

2015年10月，黑人帶我去上海，恰巧碰到林書豪，他親自遞給我一張支票，告訴我：「這就是給你的，因為你在做對的事。」同樣，沒有條件。

憑著這兩筆錢，球學多撐了好幾個月，才能等到下一筆意外的資金，改變了球學的命運。

體育或學業，路都不該愈走愈窄

—————— 蔡承儒・富邦育樂總經理

　　我和何凱成的經歷，坦白說非常相似。我們從小就開始打球，到美國也打校隊，所以，我們很能體會美國與台灣，對於體育，不管是環境還是看法上，都有很大的差異。在台灣，提到體育、運動員，大家的想法可能都是「頭腦簡單、四肢發達」；但在美國，幾乎所有知名CEO都打過校隊。

　　這也代表，「運動」是相當重要卻長期受到忽略的領域。

　　從個人經驗出發，透過團體運動，我學到最重要的一堂課，就叫做「如何面對失敗」。

　　對運動員來說，比賽很常會面臨失敗的狀況，每一場比賽，是輸球還是贏球？這次投籃，是有進還是沒進？這次的戰術，是成功還是失敗？「失敗」這堂課，運動員太習以為常了，他們可以在這個過程中，培養出面對失敗時較為成熟的態度，可是相反地，在運動以外的領域，「失敗」可能就沒那麼容易學到了。

　　另外，為了表現得更好，運動員也會變得更有紀律，並且更重視團隊合作和領導能力，尤其在比賽中，得分關鍵往往都是團隊是否有默契、戰術是否成功。透過運動，這些特質在年紀很小時，就能開始培養。

　　除了個人能力及品格外，運動也能促進社會關係。

　　例如：在美國，許多家長會陪小孩一起運動、關心孩子比賽，甚

至一起看球賽，這些都是常見的親子關係培養管道。

再者，運動也能拉近人際關係的距離。以我自己為例，剛到美國時，語言不通、文化又不同，生活在人生地不熟的環境，這時就面臨到一個現實的問題：我必須要交朋友，但美國人為什麼要和我當朋友？可是，透過運動，很快就能和當地人打成一片，聊天時也有共同話題。

這件事非常重要，在美國，甚至到了工作階段，聊天的話題還是會圍繞著最近的運動賽事，如果你關注運動，比起其他人，更有交流、接觸的機會。在社會中，與人交流也是一項很重要的軟實力。

凱成創立「球學」，正是因為看見運動的重要性，像他的公司名稱一樣，球學，還是有一個「學」字，就是期望透過體育，讓孩子們都能學到那些特質。

這也是我深受感動的地方，凱成不是想讓體育凌駕於學業，而是希望能讓兩者並重，讓孩子們的路，不會單單因為體育或學業，而愈走愈窄。

我自己從事育樂行業，深知要改善文化面、教育面的工程，可能要耗費十幾、二十年，甚至更久，但我們都認為，儘管如此，只要努力點，至少還看得到結果。反正我們還年輕，應該有機會看到。

20

創業的構想從解決問題開始

2015年2月，我收到一封電子郵件，寄件者是我在NFL China工作認識的朋友，我們已經四年沒聯絡了。

他在信裡說，有一位美國記者楊（Stephanie Yang），想寫一篇亞洲學生為了進美國好學校而瘋狂補習的報導。因為我在NFL北京工作時，曾以哈佛大學的校友身分擔任北京面試官，接觸過許多這類學生與家長，他知道我有很多這方面的故事，而且我並不喜歡過度補習的文化，應該可以和媒體記者聊聊。

沒想到，我們兩人透過電話一聊，對方反而對我的故事更有興趣，後來他把我的故事寫在美國商業新聞網站「Business Insider」。

報導刊出後十天，我竟然收到阿里巴巴集團副主席、NBA布魯克林籃網隊老闆蔡崇信的電子郵件：「我3月初會到台北，如果你有空，我們可以在3月4日下午兩點碰面，我想更了解你在做什麼。」

我很驚訝。怎麼會是他？而且他還主動聯繫我？

我告訴家教會的朋友，每個人都傻眼，不敢相信。

遇見最重要投資者

興奮過後，我卻猶豫了。真的要和蔡崇信碰面嗎？當時，球學還只是一個網域名稱，沒有任何產品、沒有成功的商業模式，見面要談什麼？

「太誇張了，你真的要去？」陳主望和黑人都覺得這件事太出乎意

料，完全無法想像。儘管如此，大家還是鼓勵我去見蔡崇信。

最後，我們真的見面了。整個過程，就是我用一張嘴，跟蔡崇信講故事、談願景，分享球學想做的事情和改變的過程。

結束後，蔡崇信告訴我：「我做的每一個投資，都要確保對方和我有共同的動機與願景。我相信你做這些事的初衷與企圖心，之後如果有我幫得上忙的地方，請讓我知道。」

意想不到的緣分

我們交換了聯絡方式。不過，之後我並沒有跟他聯繫。

因為，冷靜下來之後，仔細想想，我們的確還沒有準備好。沒有明確的產品、商業模式、市場和團隊，在這種情況下，請他投資我們？太好笑了吧！就這樣，一直到2015年10月，我真的快要花光所有資金。

看見我的煩悶，2015年10月第三週，黑人邀我去上海參加Nike三十週年慶，美國籃球明星麥可·喬丹也會出席。

活動期間，我們住在上海半島酒店，黑人帶我到處走走。沒想到，我們竟然遇見蔡崇信的總特助何康定。

自從與蔡崇信見面之後，我常常陷入掙扎。有時候想聯繫他，因為已經火燒屁股了；有時候又想，怎麼能在我們什麼都沒有的情況下，就請他投資。

然而，在這麼意外的時間碰上了，令我非常驚喜，那些猶豫也就放開了。

我興奮地衝到何康定面前：「我一直想找你們聊，沒想到竟然在這邊碰到你們。」

「可是我們待會就要去機場，現在沒有時間，」何康定回答。

原本以為事情就這樣結束了，我雖然略微失望但也不以為意。沒想到，當天晚上何康定就聯絡我：「蔡崇信想再跟你聊聊，我們到台北再碰面。」

一場對話，敲定百萬美元投資

一個星期後，10月31日，距第一次見面半年後，蔡崇信跟我再度碰面。

我帶了許多資料，準備向蔡崇信詳細說明。然而，一到現場才發現，他正準備前往機場，沒有太多時間聽我細說。

為了爭取時間，我們就在蔡崇信到機場的車程中交換意見。

我還記得，當時他的私人飛機就停在松山機場，我利用他上機前的時間，用最簡單扼要的方式說明。最後，他說：「我們在上海有個Pac12的比賽和論壇，我想邀請你來。」

2015年11月10日，蔡崇信在上海交通大學的「中美大學體育教育峰會」（China-US University Sports & Education Summit）論壇擔任主

講人，當天的主題就是教育、體育和亞洲，包含姚明在內，相關領域的重要人物都出席了。

活動結束後，在交通大學的一間空教室裡，只有蔡崇信跟我，我們進行了一場關鍵對話。

他單刀直入問我：「有什麼我幫得上忙的？」

我也直接問他：「你願不願意個人投資我們？」

他又問：「你要多少錢？」

我回答：「七十五萬美元。」

他說：「一百萬美元怎麼樣？」

對的事就值得投資

對話結束，我們在教室外面合照，直到現在我還保留這張照片。

那天晚上，我忍不住大哭，哇！有人願意相信我們在做的事情。

事後，我回頭問蔡崇信：「你為什麼想投資我們？」

他說：「第一，你很熱情；第二，我覺得你在做對的事。」

當下，我也回問他：「你有什麼夢想嗎？」

他攤開雙手笑著說，「我已經活在我的夢想裡面了。我現在想要

做的是，幫助其他人完成他們的夢想。」

我有位好朋友在矽谷的創投公司工作，我曾經和他分享球學要做的事，還做了簡報跟他說明，結果被他批評得一無是處。聽到蔡崇信要投資，他驚訝得大喊：「我的老天！怎麼可能？」

啟動正向循環

當蔡崇信投資之後，又有八個人跟進，張嗣漢、陳主望、蔡承儒、林書豪、黑人、尚恩（Sean Moss-Pultz）、智抗糖創辦人鄧居義，以及展逸國際董事長張憲銘，合計九位投資人。

我一直相信，教育的成功來自於球隊的成功，而球學成立的目的，就是要服務球隊。運動是教育的骨幹，透過運動，才能為每個人培養良好的身心靈。

這次的體驗讓我深切體會到，當你在做對的事，就會吸引更多人認同你的理念，一起促成這件事。

球學的定位是運動服務顧問公司，初期的運作模式是組織球學聯盟（CXL）並提供線上平台，聚合全台灣的高中，協助辦理校際籃球賽。

主角還是學校，由他們自主組織區域型主、客場賽事，錄製比賽現場畫面，再由球學製作成影片資料庫，保存運動員個人資料、打球成績等數據，隨時可以查詢或檢討臨場表現。

一旦球學運作成功，不僅可以讓運動比賽具有經濟效益，校園的

運動文化有提升的機會，也能帶動各方投入的意願。

關鍵資金一一到位

2016年9月26日，球學首次主辦的全台高中籃球邀請賽即將開打，蔡崇信親臨記者會現場，為我們打氣。

那天，這位球學的重要投資人穿著淺紫色襯衫、咖啡色長褲，黑框眼鏡後面眼神閃亮，精神奕奕又斯文。他在中學和大學時期都打袋棍球，還是耶魯大學袋棍球校隊。如今步入中年，他對運動的熱情依舊不減，目前也是香港一支袋棍球球隊的贊助者。

因為蔡崇信在現場的關係，我在記者會的表現荒腔走板。他就坐在第一排，輪到我講話時，看著他，我腦子一片空白，完全忘記要說什麼。

「哎，Cheng 在爆汗耶！」一群運動員學生在台下低語。後來，還是來賓的掌聲給了我信心，我才勉強撐完全場。

天啊，怎麼這麼丟臉？我曾經在三萬人面前打過比賽，毫不怯場，但是當天卻非常緊張。事後回想，還覺得很懊惱。

經過蔡崇信在記者會登高一呼，又吸引一些投資人跟進，在2018年2月完成了第二輪融資。

我們的投資者裡，有不少運動員，也有製造業、金融業、零售業、電子業等領域的專業人士，像高盛公司總經理朱慧貞、永新投資總經理曹慧婷、瑞銀集團總經理陳允懋、東和鋼鐵董事長侯

傑騰、WTT 投資公司總經理汪弘鈞，累計十四位投資人，比球學員工還多。

當時球學還在起步階段，我們沒有董監事會，也不必開策略會議，這些投資人給了我們很大的空間，去做我們想做的事。

回到台灣之前，我與那十四位投資人素不相識，竟然能獲得他們的支持。這樣的人生際遇，我從未預料過，也十分感恩。

「有什麼我幫得上忙的？」這句蔡崇信親口說出的話，就像一個老友，在我最絕望的時候伸手拉了我一把，這份溫暖，我永遠也不會忘記。

直到現在，他仍是用這種謙和的態度，給予我需要的協助。除了資金挹注，他也常用職業球隊經營者的身分，手把手地給我許多經營公司的建議。

來自各方的無私付出

其他投資人也有不勝枚舉的援助。

當初在民生社區初創業時的家具，全部由好市多提供。

有一次我的電腦壞了，沒錢買新電腦，陳主望對我說：「不好意思，上次你生日，忘了送你生日禮物。」他把錢直接匯到我帳戶，等於平白送我一台電腦；又有一次，他遞給我一個信封，裡面裝著現金，我一直放在抽屜裡，直到球學成立，才拿出來做為啟動基金。

諸如此類的無私付出，不是不在乎公司能否獲利，而是更關心能否幫助更多人因運動而成長，他們看見的是課業外的成就對教育的價值。而我相信，解決問題自然能創造利潤，你解決的問題愈大，創造的價值就愈大。

這個價值是每個人都渴望得到的，不管在台灣、亞洲或其他地方，因為那是最根本的真理。

很多時候，大家會把創業想成是為了賺錢，但我覺得，創業最重要的是解決問題，是把一件原本不被視為真理的事變成真理，甚至是創造真理。只有創造真理的公司，才能長久發展。

超越自我，以大局思考

————— 張嗣漢・好市多亞洲區總裁

我在何凱成創業前就認識他了，他在美國的美式足球界有些知名度，能做到這點，相當不簡單。因為這項運動需要一些基本條件，例如：身材和速度。和西方人相比，凱成的體型和身高都稍微小一點，但他還能領到四年全額獎學金，就顯得很特別。

先天條件不足，他沒有因此喪氣，而是用認真彌補。從這一點，就能看出他的心理素質。我想，這要歸功於他本身的個性，以及他是一位傑出的運動員。

透過運動，可以學到在教室裡或老師身上學不到的事。

譬如，領導能力。你很難在教室裡教導或學習領導能力，但是在球場上，每次的練球、比賽，無形中都在培養這樣的能力。

團隊合作，就是展現領導能力的重要方式之一。這種精神，在籃球、足球等團隊運動中尤其需要；即使是個人的運動，像網球、游泳等，主角是個人，背後還是必須仰賴教練、經理、體能教練等一整個團隊的運作，如同高爾夫球名將老虎伍茲，便是典型的例子。

有些人認為，打球沒什麼學問，誰得分多就能贏。事實上，一場真正的比賽，背後的複雜程度超乎想像。

美國管理學者彼得・聖吉（Peter M. Senge）就說過，球隊是典型的「學習型組織」。球員要學習至少二十種基本戰術，還要徹底融會貫通，上場時才能立刻知道自己的任務並確實做到。而且，一個球員不

能只記得自己要做什麼，還要綜觀全場，找到最佳時機創造最好的機會，完美執行戰術。

跳脫自我中心，學習站在更高的位置思考整體局勢，這樣的概念，延續到職場也同樣適用。無論你覺得自己的工作有多重要，還是要與同事相互合作。

商場上有句話說：「企業最強的一環，往往也是最弱的一環。」賣場如球場，從入口到結帳櫃台，甚至是後勤的倉儲物流、售後服務，服務品質是一個個環節組合的成果。舉例來說，當入口通報進場人數增加，就可依據平均購買時間推估多久之後會出現結帳人潮，及時加開結帳櫃台，避免大排長龍，留下惡劣的購物體驗。

所以，我一向認為，運動是教育的一部分，它的重要性，不比任何一個學科差，甚至可能更重要。但是，並非每個人都要成為林書豪、麥可·喬丹，而是透過運動，能夠學到課堂上學不到的東西。

我在美國加州橘郡郊區的中產階級家庭長大，早在小學四年級，父母就鼓勵我運動，在街頭踢足球、在家裡的車道上玩二對二籃球鬥牛……，到後來拿到美國大學的體育獎學金，也曾代表台灣的中華男子籃球隊打球。這段過程，為我的人生奠定基礎，努力維持身心健康、保持有紀律的生活態度……，並且相信天下沒有白吃的午餐，所有收穫都必須付出努力才能獲得。

這一點，跟凱成要把運動變成教育的一環的想法，不謀而合。

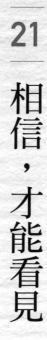

21

相信，才能看見

球學的草創時期，是從一張借來的桌子開始。

球學.com 上線註冊後，我才開始學習有關架網站的技術，當時只有一個很粗淺的想法，我要做一個運動員版的 LinkedIn，讓運動員和球隊可以在這裡展現自己的能力，創造讓別人看見的亮點，有點類似美國的 Hudl 和 Krossover 運動平台。

我對寫程式一竅不通，所以陳信生把我介紹給他的大學室友尚恩，他是一個科技天才。那時，尚恩剛歷經創業失敗，經濟狀況也不好，但他仍願意指導我，並把辦公室的一張桌子借給我，當作臨時辦公桌，一步一步教我做網站的技術。

尚恩也介紹一家名為 Cogini 的公司給我，這是一家軟體開發公司。他們的大多數工程師都在越南，跟越南工程師們溝通過我們的理念，以及要達成的目標後，合作很快就開始了。

但那些越南工程師對體育知之甚少，英語能力也不太好，為了確保做出理想的網路平台和功能，我決定掌握主導權，自己徒手繪製了一百多頁的網路平台架構圖，列出所有需要的功能，以及用戶界面設計。

無中生有，開創運動平台

在此之前，我完全沒有架設網站的經驗，只是不斷去做，而且做到了。我想說的是，一旦你有想做某件事的念頭，想法會不斷從腦子裡冒出來，整件事的樣貌就會漸漸變得清楚。這時候，你只要去做就對了。

當然，有時會覺得很孤獨，但對這件事的熱情，幫我撐了過去。

不過，等網站上線後，我完全沒時間感覺孤獨了，因為災難才剛開始。

我花了三個月時間做出網站，也上線了，我興奮地與包含北一女在內的二十八間HBL學校聯繫，希望讓全部的球員和教練「上線」。沒想到，大部分學校的電腦教室還在使用Internet Explorer 2.0。那是恐龍時代的東西吧？要順暢使用球學網站，必須透過Google Chrome瀏覽器。天啊！我們傻眼了！

我完全搞砸了。但是錢花了、時間也花了，只能不斷修改再修改。就這樣，持續了六個月，花掉新台幣一百萬元，終於發現這是個無底洞，只能停止了。

在海灘上耕作的農夫

我在研發上花了很多時間，卻忽略了使用者的想法，在還沒搞清楚學生、家長、學校要的是什麼之前，就貿然去做了，結果做出一個很「不友善」的產品，最後只好全部砍掉重來。

黑人曾經打了一個比方，「Cheng是最勤勞的農夫，但他選擇在海灘上耕作，辛苦工作了一整天，海水一漲潮，成果全都化為烏有。」聽到這個說法，我氣炸了，但也不得不承認，他說的確實有幾分道理。

等到網站真正運作後，需要大量的內容，必須拍攝學生的比賽，這些比賽動輒十幾場，還要從中擷取精采畫面，但除了我，哪來

的人手？

我上網找到三位志願者來幫忙錄影：Jero、Tmac、Oa。我告訴他們我的理念，他們很認同，但我也很誠實地說，我沒有錢，也沒有設備。於是，這些志工還到他們的學校借攝影機。

我們的網站就在這種克難環境下上線了。

合作一段時間之後，這些志工決定正式加入球學。這個團隊的成員愈來愈多，我驚覺不能再留在尚恩的辦公室了。於是，我決定把所有人帶到我住的地方，一起工作，也一起生活。這聽起來很瘋狂，但我認為了解陌生人的最佳途徑之一，就是與他們相處一段時間。

小公寓很快就擠了十個人，到現在我還無法相信，這十個人居然能在這個小小的空間一起工作，而且薪水很低。我想，是因為當你有夢想和熱情時，它會讓你變得有感染力，一切皆有可能。

從轉播比賽到主辦比賽

從運動影片數據分析公司到運動留學顧問公司、運動直播公司、運動活動公司，再到運動科技教育公司，球學經歷過幾次轉型，商業模式和業務不斷進化。

或許有人會問：線上直播和數據記錄工具平台已經做出一點成績，為什麼要辦球賽？

理由很簡單，因為球學的使命是，讓運動成為教育的一環，以及

把比賽帶回校園。賽事是所有運動的核心，透過舉辦球賽，讓球員回學校打球，把所有學校凝聚起來；從為期數天的邀請賽開始，擴展到幾個月，甚至仿效美國模式成為季節化，從一支球隊十場比賽，變成幾百支球隊、幾百場比賽，讓更多學生參與。

有了參與性才有觀看性，進而有消費性，吸納更多資源，才能把市場做大。

從2016年開始，球學舉辦了三次邀請賽（Choxue Invitational）。我們辦的邀請賽，最關鍵的差別就是主客場制，我們讓學校化被動為主動，積極主導賽事，甚至還能獲利。

第一次，球學籃球賽邀請到來自四座城市的六支球隊參賽，包括：南山高中、三民家商、高苑家商、泰山高中，以及來自中國大陸的北京清華附中與瀋陽三十一中。從9月28日至10月2日，全程五天的比賽，我們採取主客場制，外地球隊到台灣打球。

這次的比賽辦得很成功，但是住宿、交通等事宜都由我們自己扛，球學的員工全體動員，在現場進行直播並記錄數據，一場比賽的成本高達新台幣十五萬元。

對球學來說，這種模式的成本太高，無法規模化。於是我們開始思考，如何降低成本？

我們想到一個解決方法，既然要提高學校的參與感，為什麼不讓學生加入籌辦比賽？所以，我們一步步教導學生如何做數據、做直播，甚至教他們做中場休息時段的表演，讓活動更熱鬧。

為了讓毫無經驗的學生很快上手，我們開發操作簡單的工具軟體，讓他們用手機就可以直播球賽並記錄數據。

這樣一來，球學所要支出的花費只剩裁判與記錄台等費用。隔年台灣球隊到香港、澳門打球，規模擴大了，但一場比賽的成本從原本的十五萬元降到四千元。

緊接著，我們要做的，就是讓這個模式持久。我想到了一個雙贏策略：讓學校獲利。

原來，運動也是一門好生意

2017年3月，第二屆球學籃球邀請賽開始。這次邀請了台灣、香港、澳門的五支籃球隊參賽。賽事熱鬧滾滾，而且有了第一屆的經驗，學校的接受度更高了，每場比賽都有各校校長上台致詞、啦啦隊使出渾身解數熱舞，甚至來自日本的美濃加茂高中，也在場邊助陣。我知道，我的第一步已經成功了。

更進一步，我們在第三屆球學籃球邀請賽幫學校營造自己的品牌，為他們設計專屬標誌，學校再把這個標誌用在自己的毛巾、衣服等商品上。

有老師一口氣買了二十件、很多家長一買就是一百件，短短一個月商品全部完售。原來球賽也能不只是球賽，在這個過程中，學校、老師、家長、學生，都覺得很有趣。

岡山高中與我們更是「英雄所見略同」。籃球隊教練黃以芃為了讓學校更重視球隊，從託朋友設計球隊標誌開始，陸續發展周邊

商品。

球隊上場比賽時，看見大家都穿著代表籃球隊的「山羊T」，就有一種無形的認同感與榮譽感，進而帶動學生、家長、老師對校園的向心力。

從直播公司變活動公司，球學成立的使命不變，就是要「讓運動變成教育的一環」。我們想憑自己的力量，為年輕學生創造不一樣的未來。

亞洲第一個區域運動聯盟誕生

從2016年開始，到2018年4月，球學平台累積了六百多支球隊、一萬三千個球員、兩千餘場比賽的資料。不過，這個成果離我們的理想還有點遠，因為我們發現，科技沒有辦法改變態度跟文化。

我們提供的平台就像一台GPS，球隊像是汽車，賽事則像是一條條道路。車子上路才需要GPS，但如果道路不通，汽車或GPS都英雄無用武之地。只有更多球員加入、舉辦更多比賽，才能打造車水馬龍的康莊大道。

但在台灣，缺少可以打固定場數的例行賽模式，一般球隊打三場輸兩場，就沒有比賽打了。若非運動名校，吸引不到好球員；缺乏好球員，打不贏對手，出賽機會更少，變成惡性循環。

有多少場次可以打是一個問題，一場球可以打多少時間又是另一個問題。

有一次我去台北松山工農辦邀請賽，一個學生朝我大喊：「嘿！你們什麼時候要顛覆HBL啊？可不可以快一點？」

我非常好奇：「為什麼要快一點？」

他說：「因為這樣我們才可以直接打十分鐘，不用打八分鐘了。」

原來，HBL乙組參加隊伍太多，為了在八至十天內完成比賽，主辦單位縮短比賽時間，從一節十分鐘減少為一節八分鐘。

為了密集打完球賽不惜犧牲比賽精神的例子，在台灣不只一例。

即使國中的比賽也是這樣，每年全台有三、四十支球隊參加，賽程集中在一星期，從早上九點打到晚上九點，選手動輒五天打六場或一天打兩場，打到體力透支、全身抽筋，甚至還送急診。

看到這些畫面，家長怎麼可能放心讓孩子去打球，更別說要讓每個學生培養運動習慣。

於是，球學再度思索，有了自己組聯盟、辦球賽的想法。

台灣的學生籃球比賽一向為期八至十天，但是球學想規劃的比賽週期長達四、五個月。如此一來，勢必占用許多學期中的時間。向來極度重視課業的家長、學校，會同意嗎？

相信夢想，並且努力實踐

一開始，別說其他人，包含球學的員工都不贊成這個做法，只是我依舊堅持，因為我覺得自己是在做一件很好、很重要的事。

為什麼我覺得可以辦到？

我相信，許多問題學校就可以解決，不必等待政府來幫忙。

有人說：「因為你在美國待過，你真正看過運動帶來的效益。」對許多人來說，眼見才能為憑；但球學聯盟的目標，是要顛覆現有體制與觀念，要強烈衝撞這個社會。

我是願意先相信並持續努力的人，只要我相信那是一件好事，而且可以幫助他人變得更好；反過來說，即使是好的事，如果我沒有把自己的本分做好，最後也可能無法達到好的結果。而我相信，這是一件值得持續努力做好的事。

曾經有位奧運一百公尺短跑選手打破世界紀錄，有記者說：「這個成績應該永遠不會被打破了吧！」這位選手卻說：「不，只要有人相信，就有可能！」

大部分的人都是要先看見才願意相信，但我們選擇先相信才看見。我願意先相信，再慢慢努力讓這個信念成真。

堅信是對的，就努力去做

——— 陳信生・宏達電（HTC）EXODUS 計畫領導人

老實說，從小到大，我都不是一個很傑出的學生。我並非不喜歡讀書，但是在美國學校的時候，感覺受到歧視，跟老師處不來，我就很叛逆而不想念書；高中時加入籃球校隊，畢業後，一開始是到美國舊金山的社區大學 Skyline 就讀，初衷也是為了打球，而不是念書。

後來，我在矽谷創業，從事創投、重視創新，回頭看台灣的教育，發現它有很大的問題。

我是打籃球出身，凱成則是打美式足球，兩者同樣是組織型運動，都很重視團隊合作。所以，球學剛成立時，我就提醒凱成，球學一定要做到團隊合作，不能像做報告一樣，全部交由一個人負責。這樣，才能在過程中學會如何和他人相處、包容不同的人，最後一起解決問題。

對此，我們很有共鳴，而凱成要「把運動變成教育的一環」，這個想法也顯得更加重要。

缺乏團隊合作，正是台灣教育最有問題的地方。

我曾聽過一個例子，在史丹佛大學商學院的課堂上，教授規定了個案分析的作業，要求五人一組，隔週交出報告。不同地方出身的人，有截然不同的表現。

以美國人為主的一組，拿到個案便開始拆解，分成細項給組員各自探討，並約定期限一起討論、組織；反之，成員全部是台灣人的那

組，他們的做法是，為了免去來來回回的溝通，這次的個案分析先給其中一個人全權負責，下次再給另外一個人負責。他們認為，這樣可以省去討論、組織的時間，也能省去不必要的麻煩。

我認為，台灣，甚至中國大陸、日本、韓國，受儒家文化薰陶，卻也衍生一些負面影響，像是過於重視上下尊卑的觀念，心態上往往是「老闆說了算」，導致企業的員工相處不像歐美國家那樣，可以彼此敞開心胸、就事論事，包含企業架構也是層層節制，不易扁平化，沒辦法平起平坐，平等地指正對方的錯誤。

球學要做的，是翻轉一代人，甚至兩代人對運動的看法。這件事工程浩大，至少需要十年，所以我曾開玩笑地說，這種事只有凱成會去做，至少我就沒想過。做為朋友，我很欣賞他的單純、無畏，遇到問題，沒有想太多，就是去衝撞、去嘗試；犯錯了，就再調整。

凱成在我們創投界的眼裡，就是典型的「傳教士」類型。他從剛起步，一無所有，到現在有點起色，他的心態和態度都始終如一，不管自己有沒有資源，只要堅信一件事是對的、有價值的，他就努力去做，也不在乎其他人怎麼想，他會用自己的方式，證明自己是對的。

也許是凱成的單純和無畏，打動了我。明明我是做創投的，卻因為他，讓我想要不計報酬率，以朋友的身分，全力幫助他。

22 用十年追上一百二十三年

2018年10月12日上午10點，立法院內的一處辦公室，球學聯盟成立記者會正式開始。

這天，當時正在競選台北市市長的丁守中、立法委員許毓仁、體育署執行祕書蔡忠益、第一位歸化台灣籍的璞園建築球員戴維斯、裕隆前明星球員的展逸國際企業董事長張憲銘，以及錦和高中籃球隊教練陳鴻杰等，都來到現場為我們打氣。

所有人一字排開，全部穿著印有CX圖案的黑色T恤，展現我們的決心與向心力。

引進美國運動賽制

球學聯盟在2018年9月成立，我們將全台灣分為六區（台北、新北、桃園、台中、彰化、高雄），共二十七所學校參加，包括：台北建中、桃園武陵高中、台中一中、台中二中、彰化高中、高雄中學、高雄美國學校等。

賽制分為例行賽、區域季後賽、全國季後賽三階段，從2018年10月開打，到2019年4月完成冠軍賽。而且，比賽安排在非上課時段，讓同一個區域的學校球員互訪、對戰，也就是區域性主客場賽制，並規定電視轉播要收費。

這個模式，其實是仿效美國已經實施一百二十三年的區域化賽事制度，地理位置相近的學校劃為同一群組，以降低交通成本。

這是亞洲第一個校園區域運動聯盟，我希望可以幫亞洲用十年時間，從台灣出發，追回落後的一百二十三年。

在記者會中，我告訴大家，這是台灣歷史性的一刻，因為球學聯盟的成立不僅是台灣第一，也是亞洲第一。

我們的願景，是希望讓亞洲組織型運動參與度，從1％提升到50％。

不過，我們要改變的不只是賽制，還要藉著運動改變教育觀念。

為了讓運動成為教育的一環，我們打破台灣運動競賽的慣例，針對想加入球學聯盟的隊伍，設下三大要求：

第一，參加聯盟的學校必須有自己的室內球館。因為球賽將採取主客場制，在參賽球隊的學校進行。

第二，學校必須繳納會費，並動員校內學生參與。

第三，球員的學業成績必須達到一定標準，包括：學生各科成績必須2/3以上及格、班級排名為前2/3、各科總平均成績達50分，否則將遭到禁賽。

挖出問題，讓學校動起來

球學的三個要求都是基本條件，台灣的學校卻不一定能具備。

以擁有室內球館為例，許多學校沒有體育館，有些學校即使有自己的體育館，卻沒有座位區，學生只能坐在地板上看球。

我很想問：為什麼？

幾番思索後我發現，在學校的觀念中，體育館是球隊訓練和比賽的地方，或是用來開朝會，運動、比賽也只是運動員的事，不是全校的光榮，更不曾想過要透過運動讓學生或家長更有向心力，當然也不需要座位讓其他師生參與。

還有一個原因則是，過去的比賽都不在校內打，既然是在校外比賽，學校更沒有動機蓋一座軟、硬體兼備的體育館，反正根本用不到。

所以，我們的目標，就是希望透過球學聯盟的比賽，把這二十七所學校的體育館塞爆。唯有這樣，學校才會意識到體育館的重要性，學生也會跟著動起來。

把運動賽事變嘉年華會

有了功能完整的體育館，不一定只能打籃球，熱舞社、啦啦隊、DJ，甚至歌手表演，都用得到；有了更多人參與，他們的朋友、家人自然想來看，球賽也會變成嘉年華。

這不是在做夢，在美國已經真實發生了。

美式足球賽開打時，場邊有各種販售飲料、零食的攤販，還有帽子、毛巾、T恤等各種球隊周邊商品銷售，樂隊更是從場外便開始演奏，一路「秀」進場內，有時在音樂鼓動下，在熱身的球員還會跟著音樂擺動身體，一片歡樂氣氛洋溢……

接下來，學校才會進一步思考：學生對學校有認同感了，是不是要創造更好的體驗？

走到這一步，才會有更多商機誕生。

做學校後盾

事實上，早年台灣的球賽也曾採取主客場制，但是為求「公平」而取消。

當年有些學校有室內體育館，有些沒有，因此有時必須在室外打球 —— 遇到下雨，地面濕滑，容易造成球員受傷，或是受颱風等天候變化影響，賽事難以調整。

除此之外，各個學校對運動的重視程度不同，不是每所學校都願意投資培養自己的記錄台人員或裁判；再加上，賽事移動性提高，工作人員的交通費用也大幅提升，又成為一大挑戰，對偏遠地區的學校更是如此。

最後，基於政府單位必須服務大眾的心態，全台五百多所高中必須公平競爭，便決定把大家帶到同一個地方比賽。

政府的確有角色限制，但是我們想要喚醒學校，不必透過政府，自己就可以辦好比賽。

怎麼辦比賽？球學聯盟存在的目的，就是服務學校和球隊，成為學校的合作夥伴，幫他們把比賽辦得更完善。

不懂怎麼培訓？我們來培訓。

缺乏技術？我們提供技術。

不懂資源管理？我們一步一步教。

沒有自己的識別標誌？我們來幫學校設計……

我們想做的，是改變整個競賽環境，例如：各校進行主場比賽時，場邊的直播人員、中場表演者甚至主持人，都由主場學校的學生自己擔任。

這樣不僅提升參與度，也強化學校的凝聚力。

創造第二種選擇

台灣的體育環境落後美國一百二十三年，但我們相信在十年以內，可以像跑鋒一樣追上去。

我們在創造的，是另外一個生態系、第二條道路。我們希望讓學校有第二個選擇，讓學校和參與聯盟的學生、家長、老師，都能變得更好。

我們雖然在2016年就進入校園舉辦邀請賽，但是影響有限；這一次，改弦易轍，要求將賽程排進學期行事曆、要有室內場館、校方付費、學生成績門檻，在在挑戰台灣運動聯盟的體制。

帶著「去做就對了」的傻勁，球學的每個成員戰戰兢兢，完全奉獻自己地投入籌辦。

涉及學生、學校、家長、教育單位……，我們要做的事，光是溝通與流程安排就是一道道難關，而且還要讓這項活動為學校帶來

經濟效益，讓他們更重視運動、樂於推廣。這是創舉，也是挑戰。

先爭取見面再溝通說服

我與同事分工合作，同事主內、我主外，也就是負責與各個學校單位溝通。

美式足球的經驗，讓我深切明白戰術的重要，如今要挑戰難關，我也學會步步為營，安排執行步驟。

在單槍匹馬赴會之前，我會先以電話聯絡學校。

在沒人知道我是誰，或球學是什麼組織的情況下，第一件事，是先說服對方讓我去見他們。

我的信念是：只要見面，就有機會。

電話那一頭，有的爽快答應，有的猶豫，有的一口回絕 —— 老實說，一口回絕的最多，但對於尚在猶豫的，我盡量爭取拜訪的機會；至於爽快答應的，二話不說，我立刻開車飛過去。

依照我的經驗，要促成這件事，以校長為首，學務主任、體育組長和教練，都是一定要見到面的人。

在同意參與的二十七所學校中，高雄美國學校是表現最積極的學校之一。

我透過網路，搜尋到他們的聯絡方式後，一通電話打過去，

「OK！」對方很乾脆同意見面。

我借來一輛車，從台北開了五個多小時抵達，見我的是體育主任 Adam Yannakakis。

「你要什麼？你的背景是什麼？」他開門見山。

我也坦誠以對，說明來意後，Yannakakis 說，「知道了，我們有興趣！但是，必須等到5月底，因為已經放暑假了，校長接下來三個月都不在學校。」

當對方表示難處後，一般人通常會照單接受，但我覺得打鐵趁熱、事不宜遲，便直接跟對方說：「不能等了，可不可以先請你來參加高雄的區域會議？」我毫不放鬆地直接要求。

高雄區域會議，是聚集高雄五所學校的教練和學務主任，一起討論球賽規則等事宜。

「好吧，」Yannakakis 答應了。訪談過程只花了三十分鐘。

人對了，事就成了

開學後，Yannakakis 實踐了諾言，帶我與校長見面。有了校長的承諾，動員力量倍增。

Yannakakis 後來告訴我，他之所以願意嘗試，是因為「我直覺這是一件對的事，對學校和學生都是好事。我一直希望我們學校的學生也可以有正常的比賽次數，以及像美國一樣有例行賽的概念。」

那時他們已經參加了另一個聯盟，但決定退出，選擇加入我們。

每個人都可以有夢想，也可以有抱怨，但更重要的是採取行動。

我們的台灣夢是什麼？亞洲夢是什麼？這是我們要去探索、突破的可能性。不去做，永遠不知道極限在哪裡。

23

這是一場品格的試煉

沒有場館、家長擔心學生課業、無法籌到經費，是學校拒絕參加球學聯盟的三大理由。

遇到這些狀況，我都是持續溝通，讓學校、教練理解，想讓運動成為教育的一環，勢必要衝撞現有體制。不過，許多學校雖然認同，礙於壓力，還是選擇觀望。

我想起以前在球隊時，每當面臨艱困的戰局，教練總是把所有球員聚集在一起，告訴我們：「現在是第四節，我們落後七分，球權在我們這邊。這是決定我們球隊品格的時候，我們要選擇怎麼面對。」

放棄？還是設法解決問題？愈艱難愈是考驗決心的時刻，我選擇設法解決問題。

提升觀賽率，打造運動經濟

球學之所以想把比賽拉回校園，就是不想造成資源浪費，主場球隊不需要額外負擔住宿和交通費，也有主場優勢；更重要的是，方便該校學生、家長、老師和校友觀賽。若球隊戰績好，甚至可以幫學校打響品牌，凝聚向心力。打造出團隊，才算創造了價值。

在這個大目標底下，球學除了會為參加聯盟的球隊設計標誌、製作周邊產品，也會全力宣傳比賽，吸引觀賽人潮。我們的理想是，到了季後賽，觀賽率若達到80％，就能創造經濟規模，商業模式自然產生。

我們希望藉此一步一步帶動台灣的運動經濟規模，讓即使只是高

中聯盟賽,也能創造經濟效益。

一旦運動經濟產生實質效益,學校就可能進一步投資軟、硬體設備,並認真經營,例如:除了在比賽時銷售周邊商品,甚至主動找企業贊助,讓球隊獲得更多資源、球員更能專注打球。而一旦球隊贏球,校友們也更有意願捐錢,形成正向循環。

除了實際收入對球隊有益,更重要的是透過聯盟賽讓球員有更多曝光機會,國內外球探更容易從校園發掘明日之星。

這些,都是我用來說服校方的觀點。最後,我會拿出在美國參加美式足球的照片,讓他們知道我有堅定的信念:運動也能逐夢成真。讀書,不是唯一的奪標之路。

我拿出當年被教練讚嘆為「最佳運動大使」的熱情,極力向學校說明,雖然有些狀況和觀念短時間無法撼動,我仍然珍惜每一次的機會。

為母校而戰

因為主張「回家打球」,球學堅持參賽學校必須有自己的球館。但是,台灣目前有五百多所高中,其中三百多所有籃球隊,有室內球館的僅一百六十多所。因此最終符合條件並同意參與的,大約五分之一。

很好,已經有五分之一了!我的心態就跟當初在球隊受訓時一樣,永遠聚焦當下、把握「下一球」的機會。經驗告訴我,如果口碑好,其他沒參加的學校將來多數還是可能加入。我有信心,

一旦見識到主客場制下的現場氛圍，學生與教練都會有不同以往的感受，他們會愛上它！

改變，確實發生了。

「我特別喜歡主客場制，」球學聯盟全國季後賽冠軍隊中正高中球員曾則剛說，「打球不再只是球隊的事，而是全校師生都能有參與感，一同歡慶的感覺很棒！」

學生的反應，也會改變家長的想法。

建國中學教練高崇壽提到，建中的家長對於學校球隊向來大力支持，再加上球學聯盟提倡「回家打球」的概念，未來有機會在校園舉辦多場賽事，更能增加球隊與學校、家長的凝聚力。而站在教學最高位置的校長，看見的則是品德教育。

「其實教練比較喜歡到客場打球，因為在全場為敵隊加油的情況下，更能鍛鍊學生的心志，」拿下高中乙級聯賽全國第五名、彰化高中校長王廷煌提到。

彰化高中自八強起，便以客隊之姿過關斬將，一路挺住壓力，在四強決賽中打敗台中嶺東高中，取得爭冠資格。然而，經歷過乙級聯賽五場比賽，對球員的體能與精神都是一大考驗，但儘管傷兵眾多，從師長到球員都不願放棄比賽。

王校長談到，他曾經是桌球運動員，之所以願意加入球學聯盟，除了本身熱愛運動，也是由於身為彰化地區第一志願，學生在課堂上可以學到許多，但這樣的訓練機會卻只能在運動場上獲得。

擁有主場優勢的中正高中,校長江惠真也有一番思考:如果這場比賽,中正高中輸了,能不能保有主場的風度?

「現在一切都是完美的結果,運動場上該有的全力以赴、對客隊的尊重,我們都做到了。但是,如果結果相反,一、兩千個學生的情緒出口要怎麼安排?這涉及到大人如何對待學生的問題,」江惠真認為,「我們不能只看主場優勢的霸氣,還要想想主場的道義與責任,這是球賽背後的品德教育。」

這場球賽結束,中正高中決定加強這方面的觀念提醒。

一場不為比賽而辦的比賽

另外,有些家長擔心,球學聯盟的賽季長達四、五個月,學生要花很多時間在比賽上。不過,許多教練卻支持這個理念。

高崇壽雖然容許學生自主,但他很投入,聯盟賽每一場賽事他都親自監督並指導戰術:「我希望可以創立一個『不為比賽而辦的賽制』。」

他認為,以往的國、高中籃球賽事,時間密集而短暫,球員無法真正從比賽中學習;但球學聯盟將賽季拉長至四個月,球隊才有機會停下來思考有哪些缺失,進而調整改進。

尤其,有了賽事影片和數據資料,教練不再只憑印象行事,可以對著影片檢討選手表現;而想進步的球員,也可以一再檢視自己的影片,藉此修正錯誤。這樣的「教育整合」,才是球隊參與比賽的最大價值。

不僅如此,當有了正確的賽制和制度,學生的時間規劃也能夠正常,包括:比賽時間、睡眠時間、讀書時間和休息時間,整個生態調整之後,比賽數量增加,球隊和教練的實力也會大幅提升。

學生省吃儉用也要加入

但談到付費,說服學校的難度又更高了。

學校若要參加球學聯盟,必須支付會費,若加入HBL等其他聯盟則不需要。每所學校需要付給球學聯盟約一萬三千元,但這筆費用不是給球學,而是用在比賽所需支出,包括:支付給裁判、記錄台人員和參與行政的學生費用等。

繳納會費除了支應球賽必須的開銷,最大的象徵意義是,讓學校化被動為主動。願意付費,代表整個學校認可並支持這項活動,意識到自己必須主動經營,而非單純參與賽事。不過,只要有心,會費其實不是障礙。

岡山高中是學生自己動起來。他們曾經參加球學在2017年舉辦的邀請賽,留下很好的印象,學生們不時都在問:「球學盃什麼時候再開打?」這所學校所在地點比較偏僻,學校資源不多,卻阻擋不了學生的熱情,堅決要參加。

絕大多數人都需要獲得他人肯定,當你知道自己是眾所注目的焦點,就會想要改掉缺點,讓自己變得更好。對球員來說也是如此,知道自己受人重視,練起球來就會更起勁。

過去,籃球雖然在台灣也頗受歡迎,但大家多半只將焦點放在甲

組賽場,忽略基層球隊同樣需要表現的舞台,才有求進步的動力。岡山高中便是如此,在賽事中,從球員進場、主持人唱名,就能感受到身為主場球員的優越感。

然而,校方並不十分認可這項活動,包含球學裡的同事,也不看好我們能說服岡山高中加入。沒想到,學生寧願省吃儉用,把零用錢拿出來當作比賽費用,教練黃以芃也完全支持,甚至學校場館尚未整修完畢,他也堅持參與,因為「球學聯盟是我從學生到當老師,打過最棒的比賽!」

「什麼?岡山竟然要參加了?」同事原本都不抱期望了,得知這個消息,眼珠子差點掉下來。

關於經費來源,日後江惠真校長給了我們另一種回饋,讓我們備受激勵。

「球學自己尋找贊助商,這種商業行為,以往學校較少接觸。透過這次機會,學生可以看見社會的經濟活動樣貌,比起HBL或其他傳統球賽,只是單純地上場打球,是很不一樣的體驗,」江校長這樣說。

就這樣,走進校園,拜訪校長、主任、教練,也與學生懇談,加上從2016年開始辦邀請賽累積的信任,我們的努力漸漸獲得肯定。就在球學聯盟成立記者會後幾天,2018年10月16日,球學聯盟賽正式開打。

24

有意志的地方就有路

2018年10月23日，深秋的晚上，天氣轉涼。台北市建國中學操場上，稀稀落落幾個人在慢跑。

和夜晚操場的冷清相對照，體育館裡傳出籃球比賽的廝殺聲，室內燈火通明，熱氣騰騰。

這個晚上，球學聯盟例行賽在建中體育館舉行。

這是球學聯盟一百四十三場比賽中的一場，由建中對永春高中。上半場永春領先，下半場建中反敗為勝；永春鬥志高昂，但建中團隊默契佳，戰況在下半場成為拉鋸戰，打得難捨難分。

這時，二樓觀眾席上，傳出吶喊助陣聲，來助陣的家長和球員的朋友一字排開，倚著欄杆，俯視賽場，忘情吶喊。籃球場兩邊有建中的學生在計分和錄影。

場館內的另一處，北一女中的旗隊隊員跟隨教練的指揮，動作劃一地揮舞大旗，賣力做出跳躍、劈腿等動作。每週的這個晚上，是她們借場地練習的日子。

平日晚間的高中體育館，充斥各種聲音，青春喧囂。一場「讓運動成為教育的一環」的革命悄然展開，建中之夜只是其中一幕。

球技與學業可以一起變好

台灣的高中有三百多支籃球隊，卻有80％一年只能打三至五場比賽。當初大家聽到我們希望把比賽編入學校行事曆，很多學校的反應都是：「想法很好，但最難接受的是家長。」

的確有學校因為擔心家長反對而退出。家長認為，學生下課後比賽、看球賽，勢必會影響作息和學業，況且下課後幾乎每個學生都得補習。

可是，運動跟學業，只能二選一嗎？我想，這是思維模式的問題。

就像武陵高中籃球隊隊長游柏仁說的：「要有所得，就必須付出努力。讀書跟打球一樣，努力讀書可以獲得學歷，而為打球付出努力，可以交到一些好朋友，獲得心態、經驗的改變……，只是，讀書可以在社會上獲得較多優勢，但不代表我們不應該努力打球，兩者並不衝突。」

美國大學聯盟對運動員的學業要求非常嚴格，除了入學需要基本測驗分數，接下來每年成績都需要達到標準，才能上場比賽。

我們的做法參考美國模式，針對參賽選手訂定學業標準，如果沒有達到標準便禁止他們出賽，無論運動表現再傑出或誰來說情都沒有用。而且，這次我們尋找的對象都是看重學業、校風不錯的學校。

台灣長期忽視學生運動員課業，儘管大家都認同兼顧運動與學業的觀念，卻往往流於口號。所以，有些球員不相信我們會來真的，等到因為成績不能上場時，才頹喪地驚呼，「真的要禁賽？！」

這個現象並不少見。不只一般學校，即使在課業頂尖的明星中學，也有學生被禁賽。

「球員的角色就是把球打好，學業成績有什麼關係？」、「以前都不用，為什麼現在這樣要求？」、「球員向來只看球打得好不好，突然設成績門檻，不是為難人嗎？」

諸如此類的質疑不斷出現，但這正是我們想要改變的事情之一。我們只能勸學生多努力，趕快把課業成績拉起來，所幸，學校、教練也都支持這個做法。事實上，我們考慮念書需要時間累積，成績不可能一夜之間變好。所以，聯盟要求的是段考成績，第一次考不好，還有第二次、第三次機會。

球員的成績沒達到標準會被禁賽，是希望把參賽當作動力，激發學生兼顧運動與學業的企圖心。

成績好到自己嚇一跳

我曾拜訪一所私立高中，發現大多數球員對自己的未來很認命。一位讀高三的同學表示，他不準備上大學，「以後會跟著爸爸一起去工作。」當我問他：「這是你要的人生嗎？」他回答：「我沒有什麼特別的想法。」

其他球員也坦承，「看到書就想睡覺」、「資優生就是看不起運動員」、「平常就不愛讀書」……

但當我進一步追問，很多人都笑運動員不會念書，「難道你們不想打破這種很羞辱人的刻板印象嗎？」

「想啊！」有幾個學生擦掉淚水，舉起手來。

改變，真的發生了。

竹林中學高三球員林意翔，第一次段考平均成績42分，第二次段考進步到70分；尤其是他的數學成績，從8分躍升到70分。

「之前考卷一發下來，我就想睡覺，沒想過要認真寫。這次參賽有學業門檻，我就認真寫考卷，」林意翔不是做不到，只是一直沒有動機激勵他這麼做，「看到成績，自己都嚇到了！」

「我相信他們有能力兩者兼顧，只是先前可能比較懶散，或是覺得讀書辛苦，所以不願意投入，」竹林中學籃球隊教練朱建成表示，看到球員進步這麼多，十分開心。

他更想告訴所有運動員：「不管在球場上或課業上，你們都有能力做得更好。只要相信自己，努力一定會成功！」

許下承諾，自我要求

「太有意義了，終於有人在做這件事了！」建中、永春高中、高雄鳳新高中的家長們，在一次賽後看到我，立刻過來握著我的手。

一個教練告訴我們，有個隊員參加過我們的比賽，但是他的媽媽很擔心，告訴教練：「我們怕打球影響他的學業，不想讓他參加。」

「媽，我答應妳，絕對不會讓成績退步，拜託給我機會啦！」這個學生很堅持，就是想打球。

耐不住孩子的要求，這位媽媽同意了。知道這個消息後，教練大為感動，忍不住在凌晨一、兩點發了簡訊給我們：「你們的比賽，讓這對母子有了溝通的機會，也讓年輕人許下承諾。非常有意義，請繼續辦下去。」

第一屆球學聯盟全國總冠軍中正高中，也一度因為學業限制，有許多選手無法上場。教練詹政學在拿到總冠軍之後，卻感謝球學聯盟舉辦這樣的比賽，因為並非體保生出身的他，深切體認到，「每年有許多籃球員被淘汰，他們如果沒有學業基礎，前途就令人擔心……，不喜歡念書才去打球，其實是非常不正確的觀念。」

詹政學認為，有了學業成績的要求，球員會願意在功課上加把勁，因為他們知道，如果成績不達標就無法打球；而「會顧孩子功課的球隊」，也是家長支持的最主要原因。當孩子擁有動機和舞台，生命自然會全面成長，活出更好的自己。

如同岡山高中籃球隊教練黃以芃所說：「我不在乎我的球員多會打球，因為他們不靠這個吃飯。我希望的是，他們能在球隊中學習到團隊精神，把岡中籃球隊當作一個大家庭，畢業以後隨時回來，讓他們除了學校、家庭外，再多一個家。」

接軌全亞洲帶動風氣

我自己曾經親身感受球隊這個大家庭的溫暖，給了我信心，也學到很多課堂上學不到的知識與能力。運動，給予了我歸屬感，也塑造了我一生中最重要的習慣和價值觀。

以翻轉既有體制為目標，球學聯盟帶入美式賽制，期望讓運動不

再只是課後活動，而是成為教育的一環。要做到或許很難，但這件事情太重要了，不管多麼辛苦，我們都必須堅持。

球學成立六年來，一直都在摸索和調整。畢竟，要改變和創造新的運動教育生態環境，並不容易。

可是，球學的動機和使命並未因此改變，從一開始的2013年到現在，都是為服務球隊而努力。

我們相信，解決球隊的問題、讓球隊擁有更多資源與獲利，球隊就會變得更強大、更有影響力，也能支付教練更好的薪水，球場的軟、硬體設備也將隨之提升，進而促使運動人口增加。

當家長不斷看見孩子非但能夠兼顧運動與學業，還有因此焠煉出的品格與領導能力，就會有更多家長願意讓孩子追求自己的興趣。這一點，學校十分認同，他們也想要招收這樣的學生。

隨著這股力量愈來愈龐大，新的升學管道就此成形。

當然，夢想愈大，挑戰愈大。但，**翻轉教育的改變已經開始。**

例如：對場館的硬體設備投資，桃園的台北科技大學附屬桃園農工，在2018年球學聯盟開打時，籃球場還是PU地板，現在換成木質地板；彰化田中高中的籃球場，也是因為聯盟球賽而煥然一新。此外，參與球學聯盟比賽的學校，也從2018年的二十七所，到2019年已經有八、九十所學校報名。

我們從高中籃球切入，盼望之後可以擴展到國中、大學。我們從

籃球開始，期待日後能夠擴展到其他運動，再擴散到繪畫、唱歌、舞蹈等其他天賦。

我相信，每種天賦都值得重視，透過競爭則可讓孩子擁有能夠發揮天賦的場域。

從台灣出發，目標是普及到全亞洲。譬如大陸，約有二十六萬所小學、五萬所國中、三萬所高中、三千所大學。未來，球學還有很大的發展潛力。

我相信，這是一個大家共同的夢想，一個亞洲夢。

我相信，台灣球員的水準是可以跟全世界競爭的，台灣的運動教育環境有被改變的可能。

我相信，儘管我們落後了一百二十三年，但我們可以用十年時間追上。如果要加快這個速度，就要從現在起，由我們每個人一起開始做。

有意志的地方就有路，我相信，堅持下去，曙光一定在望。

從體育出發，翻轉教育

——— **陳建州·寶島夢想家籃球隊領隊**

何凱成跟我的成長背景很相似。我也是從小缺少父母的陪伴，輾轉念過許多學校，造就我個性比較早熟，遇到困難總是習慣一個人硬碰硬地面對。那種有苦只能往肚裡吞、自己消化的日子，我們都曾經歷過。

同樣身為運動員，我也很能體會運動對一個人的影響。

運動教會我團結，搶籃板、防守、助攻、得分……，每個人在球隊中各司其職，而球隊的生態就像一個小型社會，每個人扮演好自己的角色，行有餘力再去幫助他人。這些倫理道德的培養，深深影響著我。現在，我有了自己的公司，也是以團隊的角度審視公司的需求，而不只是為了自己。

不過，做為體育班長大的孩子，國中畢業後就靠體育升學，我看見台灣教育有個大問題——學業與運動失衡，運動員不是不讀書，而是根本沒有學習的環境。長期以來的觀念是，要念書就不要運動、要運動就不必念書。

但這個世界的競爭，需要兩者並重。不是每位運動員都要像凱成一樣，從哈佛大學畢業，但至少，體育班的環境要能培養他們的基礎思考與邏輯能力，才不至於讓他們因為運動而限縮了未來的選擇。可是，顯然台灣的教育並不是這樣。

每逢週末，到各大夜店看看，安管幾乎都是體育系的。他們有些

是現役選手，有些還是拳擊三連霸、柔道全運會冠軍，未來發展無可限量，但卻礙於生活，選擇在夜店當安管。不是這個工作不好，而是風險太大，一旦發生事故，可能一夜之間就被迫退役。

我認為，如果他們的學業能有一定水準，他們的自我價值肯定不會局限於此。

凱成與球學在做的，就是要翻轉現況。

除了規定上場選手必須達到學業標準，又引進了主客場制，讓整個學校，上至校長、主任、各級長官，下至社團、學生個人，都因為運動而聚集在一起。像中正高中，從一開始可能沒那麼注重這個比賽，到現在許多社團都想共襄盛舉，把比賽當作為校爭光的機會。

因為是關乎學校榮譽的事，校友也願意支持。我們夢想家隊有幾個股東來自台中，像台中一中，看到中正高中加油團聲勢浩大，包含國手朱木炎等人都透過影片為母校加油。於是，他們約定好，明年要全員出動，不能再讓中正高中專美於前。

這些，都是以往看不到的，可是因為凱成和球學帶來的刺激，慢慢改變。

來自民間自發的力量，是最棒的力量！與其等體制健全或等別人改變，不如自己先投入；別人看到了、被感動了，就有動力加入這個正向循環。

我期待球學發揮影響力，以學校為起點擴散到不同運動項目，再跨越到不同領域。包含史丹佛大學都提供了人工智慧（AI）獎學金，其他像是音樂、電競……，這些年輕世代正在做的事，學業之外的成就，也應該受到重視。

國家圖書館出版品預行編目(CIP)資料

球學：哈佛跑鋒何凱成翻轉教育 / 何凱成作. --
第一版. -- 臺北市 : 遠見天下文化, 2019.06
　　面；　公分. -- (心理勵志 ; BBP441)
ISBN 978-986-479-755-4(精裝)

1.自我實現 2.自我肯定

177.2　　　　　　　　　　　108009197

心理勵志 BBP441

球學
哈佛跑鋒何凱成翻轉教育

作者 ── 何凱成
採訪整理 ── 姚巧梅
合作出版 ── 愛生關懷協會

企劃出版部總編輯 ── 李桂芬
責任編輯 ── 羅玳珊、李美貞（特約）
美術設計 ── 張議文
影像指導 ── 廖志豪
攝影 ── 林衍億（特約）

出版者 ── 遠見天下文化出版股份有限公司
創辦人 ── 高希均、王力行
遠見・天下文化・事業群　董事長 ── 高希均
事業群發行人／ CEO ／總編輯 ── 王力行
天下文化社長 ── 林天來
天下文化總經理 ── 林芳燕
國際事務開發部兼版權中心總監 ── 潘欣
法律顧問 ── 理律法律事務所陳長文律師
著作權顧問 ── 魏啟翔律師
社址 ── 台北市 104 松江路 93 巷 1 號 2 樓
讀者服務專線 ──（02）2662-0012
傳真 ──（02）2662-0007；2662-0009
電子信箱 ── cwpc@cwgv.com.tw
郵政劃撥 ── 1326703-6 號　遠見天下文化出版股份有限公司
出版登記 ── 局版台業字第 2517 號

電腦排版 ── 立全電腦印前排版有限公司
製版廠 ── 中原造像股份有限公司
印刷廠 ── 中原造像股份有限公司
裝訂廠 ── 中原造像股份有限公司
總經銷 ── 大和書報圖書股份有限公司 電話／(02)8990-2588
初版日期 ── 2021 年 5 月 21 日第一版第 7 次印行

定價 ── 380 元
ISBN ── 978-986-479-755-4
書號 ── BBP441
天下文化官網 ── bookzone.cwgv.com.tw